LANZAROTE

Raimundo Rodríguez

Titel: LANZAROTE
Redaktion: Raimundo Rodríguez
Mitarbeiter: Rafael Paredes
               Manuel Ramírez
               Rosa Guerrero
               Nona Perera
Fotos: Raimundo Rodríguez, Eduardo Rodríguez
Übersetzungen: Martin Kreutzer, 2. Ausgabe überabeitet von Ursula Klingler (ugomezdearanda@yahoo.es)
Nationalpark Timanfaya: Resolution 7/2016
Luftaufnahmen: Grafcán. www.grafcan.com
Coverfoto: Caldera de los Cuervos o del Corazoncillo
Text auf Umschlagseite: Rafael Paredes
Fotosatz RAW: Eduardo Rodríguez
Druck und Einband: Tecnographic S.L. / www.tecnographic.net
Erste Ausgabe: Januar 1998 (4 Ausdrucke)
Zweite Ausgabe: Mai 2014 / 2017
Offizielle Reg. Nr.: GC 642-2014
I.S.B.N.: 978-84-92829-23-1
Herausgabe und Vertrieb: RAI Ediciones
                               C/ García Hernández, 7
                               35630 Antigua. Fuerteventura. España
                               928 87 83 09 - 608 15 84 51
                               e-mail: info@raiediciones.es
                               www.raiediciones.es

INHALTSVERZEICHNIS

VORWORT DES AUTORS

Die vorliegende Arbeit ist mein zweites Buch über eine kanarische Insel und die vorher angesammelten Erfahrungen, zusammen mit den neuen Erkenntnissen, haben mich dazu gebracht, noch tiefer in das Wesen dieser auf der Welt einzigartigen Gegend einzudringen. Alle Daten und Themen sind ausreichend recherchiert und der Leser wird sich bei der Lektüre bewusst werden, wie wichtig die Inseln unter geologischen, biologischen und historischen Gesichtspunkten sind. Im Moment sind die Inseln eines der wichtigsten Ziele des europäischen Massentourismus und diese Tatsache hat eine sehr kritische Situation geschaffen: Die bereits vorhandene Zerstörung von Natur- und Kulturgütern einerseits und andererseits die dringende Notwendigkeit, vorhandene Werte zu schützen und zu erhalten. Ich glaube, dass das Bewusstsein, unsere Umwelt schützen zu müssen, den Menschen nicht aufgezwungen werden kann. Verbote schaffen gleichzeitig Anrechte. Die Normen und Regeln für bestimmte Schutzgebiete animieren dazu, nicht geschützte Gebiete gnadenlos zu zerstören.

Erziehung, in Verbindung mit den nötigen Informationen, die auf angenehme und unterhaltende Art und Weise gegeben werden sollten, schafft den nötigen Respekt für das, was uns umgibt. Wenn wir darüber nachdenken, wie die Kontinente und die Lebewesen, die auf ihnen existieren, entstanden sind, werden wir verstehen, welche Stellung wir einnehmen und wie wenig Anrecht wir darauf haben, diese Evolution zu verändern. Wenn wir die Werke unserer Vorfahren betrachten und darüber nachdenken, wie viel Anstrengung und wie viel Weisheit über die Jahrhunderte in sie hineingesteckt wurden, dann sollten wir stolz darauf sein, ihre Nachfolger zu sein. Eine Möglichkeit, diesen Stolz zu zeigen, ist die Erhaltung und die Restaurierung ihres Nachlasses.

Deshalb möchte ich diese Arbeit, die das Ergebnis einer Sammlung von vielen Daten und Informationen ist, jenen Personen widmen, die mit ihrer stillen aber beharrlichen Arbeit dazu beitragen oder beigetragen haben, dass wir aus der Vergangenheit lernen können. Diese Personen, die wir manchmal als Teil des Landschaftsbildes fotografieren, sind die letzten Repräsentanten einer Lebensform, die wir persönlich leider schon vergessen haben.

Auch bei meiner Tochter Sara und meiner Lebensgefährtin Rosa möchte ich mich für ihre Liebe und Unterstützung bedanken. Seit der ersten Ausgabe sind nun zehn Jahre vergangen und ich rechne immer noch mit ihrer vollen Unterstützung bei allen meinen Projekten.

Ich hoffe, dass alle, die dieses Buch lesen, von demselben Geist beseelt werden, der diesem Werk zu Grunde liegt, und dass wir alle zusammen eine bessere Welt schaffen werden.

Raimundo Rodríguez

Für das bessere Verständnis der Toponyme, die im vorliegenden Buch genannt werden, empfehle ich die Karte mit dem Maßstab 1:62.500, die ebenfalls von Rai Ediciones herausgegeben wird. Die Karte hilft beim Verständnis der hier erwähnten geologischen und geomorphologischen Daten. Sie hilft auch dabei, immer den richtigen Weg zu finden.

EINFÜHRUNG

Eine Reise nach Lanzarote ist immer ein unvergessliches Erlebnis. Wenn Sie die Zeit, die Ihnen zur Verfügung steht, voll auskosten möchten, dann wird Ihnen dieses Buch ein nützlicher Führer sein. Dieses Buch wurde von einem Reisenden geschrieben und soll als Reisebegleiter dienen, der Ihnen die Möglichkeit gibt, die wahren Schätze dieser magischen Insel zu entdecken.

Einige dieser Schätze versetzen uns in die Zeit zurück, als in Afrika die ersten Hominiden von den Bäumen herabstiegen, andere wiederum in die Zeit vor sechs Millionen Jahren, als in den Dünenfeldern von Lanzarote eine der größten, nicht fliegenden Vogelarten der Welt lebte und die Strände von Schildkröten, die über einen Meter lang waren, bevölkert waren. Andere Zeugnisse erzählen uns von der Zeit, als die Insel den Menschen noch nicht kannte und den Namen Tyterogaka trug und von der vorgeschichtlichen Besiedlung während zwei Jahrtausenden bis zum Jahr 1402. In jenem Jahr erreichten die normannischen Ritter Jean de Béthencourt und Gadifer de la Salle die Insel, an der Spitze eines kleinen Soldatentrupps. Nach ihrer Eroberung wird die Insel Lanzarote Teil des kastilischen Königreichs und beginnt zusammen mit den anderen Inseln ihre Reise durch die Geschichte.

Die Geschichte der Insel ist durchzogen von Piratenangriffen, Plünderungen und Wiederaufbau, und die Mauern der Befestigungsanlagen sind gleichzeitig Zeugen und Gegenstand von Legenden. Nichts hat jedoch die Geschichte der Insel so geprägt wie der Vulkanismus. Zwischen 1730 und 1736 gab es unglaublich starke Eruptionen, mit die stärksten, die je von Geschichtsschreibern festgehalten wurden. Dabei wurde ein Teil der Insel verwüstet, jedoch schufen die Vulkane gleichzeitig auch neue Formen des Lebens und Überlebens. Timanfaya wuchs aus der Erde als neue und jungfräuliche Landschaft, eine Welt, die aus dem Herzen der Erde kam und den Betrachter in andere Welten versetzt. Ein weiteres Merkmal der Geschichte Lanzarotes sind die Monokulturen für den Export. Als Beispiel soll die Schildlaus dienen, die eine schnelle Verbreitung fand, die Insel zu Wohlstand brachte und nach dem Preisverfall auf dem Weltmarkt die Bevölkerung in Armut und Emigration stürzte.

Das Leben des lanzarotenischen Bauers war geprägt von den Vulkanen, dem Wind und der Trockenheit. Ihre Erfindungsgabe hat es den *Conejeros* erlaubt, sich an diese harten Bedingungen anzupassen und die wenigen Ressourcen optimal zu nutzen. Sie schufen Landschaften von einzigartiger Schönheit, wie zum Beispiel die Anbaugebiete in den Dünenfeldern und die Anbauterrassen und vor allem den imposanten Gärten in der Gegend von La Geria. An der Küste findet man riesige Gärten mit Beeten aus Wasser und Salz, Werke der Lanzarotener, geschaffen aus Kalk, Ton und Stein, um die Kraft der Sonne bei der Salzgewinnung auszunutzen. Gleichzeitig sind diese flachen Becken Rast- und Brutplatz für unzählige Wandervögel auf ihrer alljährlichen, winterlichen Reise.

Die Weinberge von La Geria, die Salinen, die Kalköfen, die Windmühlen, die Kirchen, die Kapellen, die Festungen, die Herrenhäuser, die Häuser der einfachen Leute, die Küste, der Wind und der Vulkan bildeten in der Vergangenheit den Lebensraum der Inselbewohner und nur anhand dieser Referenzpunkte kann man das heutige Lanzarote wirklich verstehen.

Der Maler und Bildhauer César Manrique wurde 1920 auf Lanzarote geboren und hat auf ihr eine Architektur entwickelt, die sich absolut an die Umwelt anpasst und ein hohes Maß an Feingefühl und Ästhetik widerspiegelt. Er war ein Vorkämpfer für umweltbewusstes Handeln und seine Devise war die Verbesserung der Lebensqualität. Seine zahlreichen Werke sind heute Modelle für ethisches und ästhetisches Schaffen. Werke wie die Jameos del Agua, Mirador del Río oder sein früheres, halb unterirdisches Wohnhaus in Tahiche, das heute Sitz seiner Stiftung ist, und viele andere mehr sind bleibende Zeugen seines Wirkens auf der Insel und untrennbarer Teil seiner Kulturgüter.

César sagte einmal in einer Unterhaltung, dass wenn El Golfo ein Smaragd sei, dann wären die Salinen von El Janubio die Perle von Lanzarote. Seine Gedanken kreisten stets um die innere Schönheit der natürlichen Ressourcen der Insel und vor allem um deren Zukunft. Und genau dies ist wesentlicher Bestandteil dieses Buches. Wir glauben, dass ein besseres Verständnis und ein größeres Wissen zur Erhaltung einer Insellandschaft beitragen, die von der UNESCO zum Weltreservat der Biosphäre erklärt wurde. Es hängt von uns ab, ob die Schätze der Insel, die jedem Besucher einen unvergleichlichen Aufenthalt ermöglichen, auch in der Zukunft existieren werden. Wenn Sie diesen Geist und diese Besorgnis mit uns teilen, dann werden Ihnen die folgenden Seiten eine angenehme und interessante Lektüre bereiten.

Wir wünschen Ihnen einen schönen und erholsamen Aufenthalt auf Lanzarote.

Rafael Paredes

GEOLOGISCHER URSPRUNG

Lanzarote ist eine Insel des kanarischen Archipels, einer vulkanischen Inselgruppe im östlichen zentralen Sektor des Atlantiks, im Nordwesten des afrikanischen Kontinents.

Über die Entstehung des Archipels gibt es verschiedene Theorien; die umfassendste und zugleich aktuellste erklärt, dass es sich um einen, aus unterirdischen Lavaausstößen und Erhebung großer Stücke der ozeanischen Erdkruste, kombinierten Prozess handelte. Durch den Stillstand der afrikanischen Platte wurde die atlantische Platte zusammen geschoben. Anschließend kam es zu Lavaausstößen aus den entstandenen Rissen, die ihrerseits die Struktur (vor allem Teneriffa, La Palma und Hierro) und die Ausrichtung (vor allem Fuerteventura und Lanzarote) der Inseln bestimmten, ebenso wie die Anordnung der Gesteinsgänge.

Die unterschiedlichen Drücke, Temperaturen und Spannungen in den verschiedenen Tiefen des Meeresbodens verursachten Brüche und Verwerfungen und somit Auffaltungen, Absenkungen und mechanische Reibungen und haben zu starken Lavaausstößen führen können.

Lanzarote ist also vulkanischen Ursprungs und diese Tatsache war für die geomorphologische Entwicklung der Insel und für ihre späteren „Bewohner" (Fauna und Flora) entscheidend. Ihre geologische Struktur ist sehr einfach und gehört zu den meist untersuchten des Archipels. Nur auf dieser Insel wurde eine Bohrung vorgenommen, die das gesamte Inselgebäude perforierte und somit auch die unterseeische Struktur der Insel offenlegte. Auch der aufgestiegene Teil ist gut bekannt, dank der Arbeit von Fúster und anderen Kollegen. Das heutige Vulkangebäude stützt sich direkt auf unterseeische Sedimente des afrikanischen Kontinentalschelfs (mit einer Mikrofauna aus dem Paleozän) auf einer Tiefe von 2598 m. Von dieser Tiefe an bis auf 353 m findet man Tuff und Lava aus dem Oligozän (mit entsprechender Mikrofauna). Man nimmt an, dass zu diesem Zeitpunkt die Auffaltung des Inselgebäudes stattfand, das nach wiederholten Lavaausstößen endgültig aus dem Meer auftauchte.

Die derzeitige Insellandschaft ist das Resultat des Formen schaffenden Vulkanismus und destruktiver Erosion. Das kontinuierliche Wirken dieser Faktoren bringt eine Vielzahl von oberflächlichen Substraten hervor die später von der Vegetation bedeckt werden, je nach der jeweiligen Qualität der erwähnten Substrate.

Ob die Vulkankegel mehr oder weniger erodiert oder von Vegetation bedeckt sind, hängt vom Alter des Materials ab. Wie wir später sehen werden, ist Lanzarote eine Insel mit einer sanft gewellten Oberfläche, die von Vulkankegeln, spektakulären Klippen (starke marine Erosion) und tiefen Schluchten unterbrochen wird. Somit ist die Insel ein großes vulkanisches Gebäude, welches sich aus aufeinander folgenden Lavamassen auf instabilen Grund bildete, aus deren Bruchstellen das geschmolzene Material (Lava) mit der nötigen Druck ausgetreten ist, um die Oberfläche zu erreichen (vulkanischer Spaltenbruch). Diese

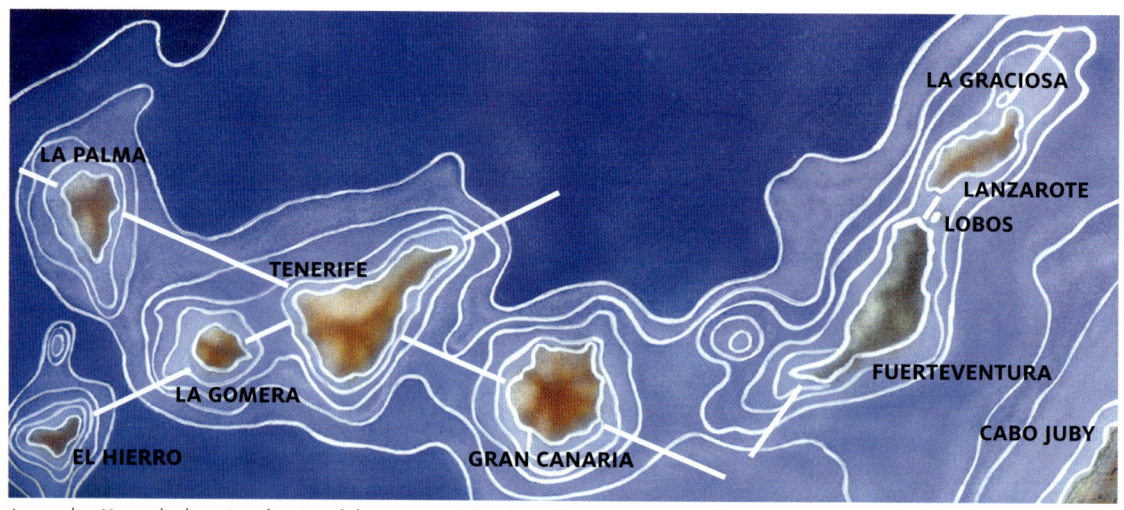

Lage der Kanarischen Inseln. Ausrichtung und dominante Strukturmerkmale.

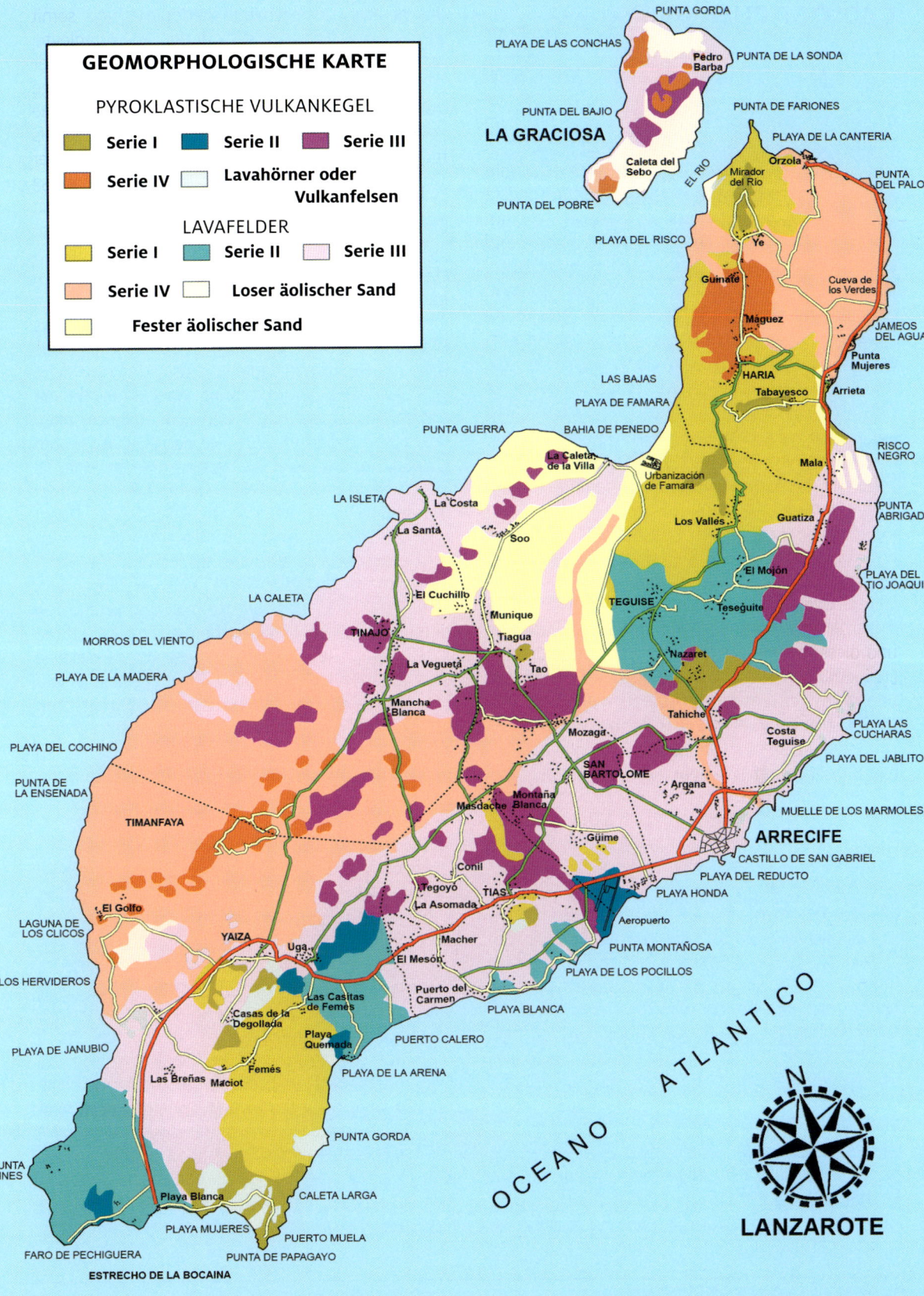

Bruchstellen haben fast immer die Ausrichtung NO-SW. Auf die gleiche Art und Weise finden die kleinen Felseninseln im Norden von Lanzarote ihre Entstehung. Sie tauchen aus der größten unterseeische Plattform des Archipels auf.

Die vulkanische Aktivität war und ist nie kontinuierlich gewesen. Man unterscheidet verschiedene Eruptionsphasen, die in Serien oder vulkanische Zyklen zusammengefasst werden (siehe geomorphologische Karte).

Die Serie I (alte Serie oder 1. Vulkanischer Zyklus), bestehend aus sehr alten Basaltformationen (Miozän-Tertiär), bedeckt lediglich noch 200 km², verteilt auf zwei Zonen. Diese beiden Gebiete oder „Schilde", die sich bei Famara und in der Gegend von Femés oder Los Ajaches befinden, waren früher wahrscheinlich miteinander verbunden, was sich aus den Vorkommen von alten Materialien in anderen Gegenden der Insel schließen lässt. Das Massiv von Famara, das von einem 550 m hohen Bergrücken längs durchschnitten wird, zeigt deutlich die Struktur des Basaltschildes, während die Gegend von Los Ajaches viel stärker erodiert ist. Diese erste Eruptionsphase begann vor 17 Mill. Jahren und dauerte bis vor 12 Mill. Jahren. Die Ausbrüche in den aktiven Phasen dieser Periode erfolgen durch immer wieder neue und verschiedene Brüche und Öffnungen. In den nichtaktiven Phasen dieses Zeitraums beginnen sich Fauna und Flora über den Boden auszubreiten.

Die Serie II, die zusammen mit der Serie III den sogenannten Zweiten vulkanischen Zyklus (Pliozän-Pleistozän) bildet, bringt sehr viel sanftere vulkanische Formationen mit hervor. Sie ist leicht daran zu erkennen, dass die Böden eine dicke Kalkschicht aufweisen, die manchmal von Lehmschichten bedeckt sind.

Diese Serie nahm ihren Verlauf an den Rändern der vorher erwähnten Schilde. Im Süden von Famara bildeten sich die Vulkane von Temeje, Chimia, San Rafael, Guanapay und etwas weiter im Norden der Atalaya de Haría. Im Norden von Los Ajaches befinden sich der Caldera Gritana, Tinasoria, La Montañeta, Riscada, Bermeja, Mojón, usw.

Die Serie III bedeckt den größten Teil der Oberfläche von Lanzarote. Ihre äußerst flüssigen Basaltströme ergossen sich über das zuvor gebildete Gestein vor allem über das Zentrum der Insel. Die Anzahl der Vulkankegel und -krater aus dieser Zeit beläuft sich, zusammen mit den kleinen Felseninseln, auf über 130. Phasen mit starken Gasexplosionen und Ausstößen von pyroklastischen Materialien, aus denen sich die Vulkankegel zusammensetzen, wechseln sich ab mit Ausstößen von sehr flüssiger Lava.

Die Anordnung der Vulkane im Norden wird deutlich an Caldera Blanca, Montaña Tinajo, El Cuchillo und die Vulkangruppe von Soo. Ebenfalls im Norden findet man Montaña de Guenia, Tinamala und die Gruppe von kleinen Kratern bei Guatiza sowie Montaña Corona, Isaga, Tahiche und die Gruppe von Zonzamas. Die Vulkane weiter im Süden stammen aus der Serie IV. Die wichtigsten sind Tinacho, Tizalaya und Tamia. Eine weitere interessante Anordnung von Vulkanen befindet sich im Süden der Insel. Hier sind vor allem Montaña Blanca, Guardilama und, dicht beim Massiv von Los Ajaches, der Atalaya de Femés.

Die Serie IV oder der sogenannte neuere Vulkanismus, bezieht sich auf die letzten Jahrtausende und schließt die historisch bekannten Eruptionen mit ein. Das ausgestoßene Material bildet die sogenannten *Malpaíses* (schlechtes Land, unzugängliche Lavafelder). Die Vulkane aus dieser Zeit sind sehr gut erhalten und sehr wahrscheinlich sind einige von ihnen, wie die von Nordost nach Südwest angeordneten im Norden der Insel, nicht sehr alt, obwohl es keine historischen Referenzen darüber gibt. Die Eruptionen, die die Vulkane La Quemada de Órzola, La Corona, Los Helechos, La Quemada de Pescosa und die Peñas de Tao hervorgebracht haben, sind wahrscheinlich nur zwischen 2500 und 3000 Jahre alt. Alle diese Vulkane bilden eine perfekte Gerade von 4 km Länge.

Der Volcán de La Corona ist der bedeutendste, vor allem auch wegen des natürlichen, 6,3 km langen, unterirdischen Tunnels, in dem sich die Höhle *Cueva de Los Verde*s und die anderen 16 *Jameos* (Höhlenabschnitte mit eingestürzten Decken) befinden. Dieser Tunnel zieht sich durch das so genannte *Malpaís de la Corona*, ein riesiges Lavafeld im östlichen Teil der Insel mit einer Oberfläche von 30 km². Außerdem gehen von diesem Vulkan zwei erstarrte Lavaströme aus, die sich durch die Täler von Guinate und Las Rositas über die Klippen von Famara ins Meer ergießen.

Zur selben vulkanischen Serie gehören die Eruptionen von 1730-1736 und die von 1824. Diese fanden in der Gegend von Timanfaya statt, die auch Feuerberg (Montaña del Fuego) genannt wird. Die Lavamassen dieser Eruptionen bedeckten fast den gesamten Westen der Insel und umschlossen vereinzelt stehende Vulkane aus älteren Serien, die man auch als *Islotes* (Inselchen) bezeichnet. Die

GEOLOGISCHE SÄULE. Die Geologen teilen die Erdgeschichte in drei Äonen ein:					
ARCHAIKUM	Erdaltertum. Die Welt hatte schon einige Kontinentalfelsen, einen Ozean und eine Atmosphäre. Vor 3,5 Milliarden Jahren erscheint das Leben in Form von Algen und Bakterien.				4,6-2,5 Mrd.
PROTEROZOIKUM	Äon des primitiven Lebens. Es erscheinen die großen Kontinente und Ozeane. Vor 1,8 Milliarden Jahren produzieren die Algen genügend Sauerstoff, der sich im Meer und in der Atmoshäre zu akkumulieren beginnt.				2,5 Mrd-600 Mill.
PHANEROZOIKUM Äon des sichtbaren Lebens

Komplexe und moderne Lebensformen. Nach Arten und Formen unterteilt sich dieses Äon in Zeitalter: | Paleozoikum oder Primär

Die Zeitalter unterteilen sich in Perioden: | Kambrium | Alles Leben spielte sich im Wasser ab. Im Allgemeinen wärmer als heute. Die Berge falteten sich auf und die Vulkane stießen sehr viel Lava aus. | | 600-505 Mill. |
		Ordovizikum	Kontraktion der Ozeane und Erscheinen der ersten Kontinente. Trilobiten, primitive Korallen und viele andere wirbellose Tiere. Fische ohne Kiefer.		505-440 Mill.
		Silur	Durch marine Sedimente entstehen riesige Erdölvorkommen. Erste Pflanzen und Landtiere.		440-408 Mill.
		Devon	Fossilien aus dieser Zeit enthalten die ersten Süßwasserfische und die ersten Amphibien. Es erscheinen die ersten Wälder.		408-360 Mill.
		Karbon	Bekommt seinen Namen durch die Kohlenflöze, die entstehen: Es handelt sich um Reste von tropischen Wäldern. Europa und Nordamerika stoßen mit Südamerika zusammen. Die Antarktis, Australien, Südamerika, Afrika und Indien werden von Eis bedeckt.		360-286 Mill.
		Perm	Vereinigung der Kontinente zu einem Superkontinent. Die Gletscher weichen nach Süden zurück.		286-248 Mill.
	Mesozoikum oder Sekundär

Zeitalter der Saurier | Trias | Bruch des Superkontinents. Große Amphibien (1 m.) u. entwickelte Reptilien (1,5 m.). | | 248-213 Mill. |
		Jura	Heißes Klima. Erste Vögel und Säugetiere erscheinen. Große, pflanzenfressende Saurier. Es bilden sich die heutigen Kontinente.		213-144 Mill.
		Kreide	In dieser Zeit entstehen 60% der derzeit bekannten Erdölreserven. Blumen mit Blüten und große, fleischfressende Saurier. Massives Sterben der Saurier und anderer Arten, vielleicht durch den Einschlag eines großen Meteoriten.		144-65 Mill.
	Känozoikum oder Tertiär	Paleogen. Die Kontinente nehmen ihre heutige Form an. Vögel und Säugetiere bevölkern die Erde. Aufgeteilt in drei Epochen:		Paleozän	65-55 Mill.
				Eozän	55-38 Mill.
				Oligozän	38-24'6 Mill.
		Neogen. Die heutigen Gebirge werden durch tektonische Bewegungen aufgefaltet. Die Bewegung der kontinentalen Schollen, das Entstehen von Gräben und vulk.Eruptionen lassen unzählige Inseln entstehen, unter ihnen die **Kan. Inseln**.		Miozän	24'6-5 Mill.
				Pliozän	5-2 Mill.
		Anthropozoikum oder Quartär. Mehrmaliges Vordringen und Rückzug der Gletscher. Die letzten großen Eiskappen schmelzen vor etwa 10 000 Jahren. Der Meeresspiegel steigt. Der Mensch entwickelt sich und Fauna und Flora werden weniger.		Pleistozän oder Eiszeit	2-0'01 Mill.
				Holozän oder Neuzeit	10 000 bis heute

Oberfläche, die bei diesen Ausbrüchen bedeckt wurde, beträgt rund 200 km², hiervon stammen 32 km² von den Eruptionen aus dem Jahre 1824. In diesem Gebiet gibt es ca. 50 aufgereihte Vulkankegel.

Die einzigen schriftlichen Hinweise auf die Eruptionen von 1730-36 stammen vom damaligen Pfarrer der Gemeinde Yaiza, Don Andrés Lorenzo Curbelo, und von der Inselverwaltung von Lanzarote. Es gibt auch schriftliche Hinweise auf die Eruptionen von 1824. Hier die historische Ausbrüche der Insel:

- Timanfaya: 1.9.1730 - 16.4.1736
- Eruption von Tao oder Clérigo Duarte: 31.7.-16.10.1824.
- Volcán Nuevo del Fuego: 29.9.-4.10.1824
- Volcán de Tinguatón: 16.10.-24.10.1824.

Das durch die Vulkane angehäufte Material ist ausschließlich Basalt (schwere, schwarze Felsbrocken). Die relativ leichten Sedimentböden bestehen vor allem aus Sand und Lehm. Der vorherrschende Flugsand setzt sich hauptsächlich aus Kalk und gemahlenen Schalen von Meerestieren zusammen, welches die Wellen in Soo, Bahía de Penedo und an den Stränden von Órzola an Land spülen. Der Wind trägt diesen, auch als *Jables* bezeichneten Sand, von West nach Ost, über die Insel.

Angewehte Tonschichten sind rötliche Böden aus der Sahara, die vom Wind in Form von Staubwolken herangetragen werden. Auf diese Weise werden jährlich bis zu 2 kg/m² abgelagert, die dazu beitragen, später fruchtbaren Ackerboden zu gewinnen.

Wahrscheinlichkeit eines vulkanischen Ausbruchs: *Errechnet sich, indem man die Wahrscheinlichkeit eines vulkanischen Phänomens mit dem dadurch entstehenden Schaden multipliziert. Gegenwärtig ist es schwierig genau festzustellen, wann ein vulkanischer Ausbruch stattfinden wird. Betrachten wir die Gefahr der jeweiligen Ausbrüche, die stattfinden können:*

Ein Lavaausstoß bringt finanziellen Schaden mit sich, stellt jedoch für Menschenleben eine geringe Gefahr dar. Die Geschwindigkeit des Lavastromes ist relativ niedrig, sie hängt von der Geschwindigkeit des Ausstoßes an der Ausbruchsöffnung, der Schräglage und Textur der Lava ab.

Der Auswurf von pyroklastischem Material kann verschiedener Art sein:

Normalerweise werden Bimsstein und Asche ausgeworfen, diese Phase ist allerdings nicht die gefährlichste. Die verstärkte Anhäufung von Asche kann Gebäudedächer zum Einsturz bringen, obwohl es möglich ist unter dem Regen von Asche und Bimsstein zu verbleiben. Es wäre schlimmer, an Orten mit herrschenden Luftmangel festgehalten zu werden.

Während der Ausbruchsphasen kommt es zu anderen, gefährlicheren Phänomenen. Fällt der Gasdruck der sich bildenden Vulkansäule plötzlich ab, fällt das Material dieser Säule zu Boden. Die Mischung fester und gasförmiger Stoffe ist extrem beweglich und kann sich schnell fortbewegen, dieses Phänomen wird pyroklastischer Strom genannt. Ein anderes Phänomen ist die sogenannte Stoßwelle; hierbei handelt es sich um einen, am Fuß der Vulkansäule befindlichen Gasring, der schnell aufsteigt. Er bildet sich aus Magma und Wasser, charakteristisch ist seine schnelle Ausdehnung, wobei er Asche und festes Material mit sich zieht. Seine Ausgangsgeschwindigkeit kann bis zu 180 Stundenkilometer erreichen, was seine große zerstörerische Kraft erklärt.

Lahares nennt man Schlammlawinen, die sich aus - mit Wasser vollgesaugtem - pyroklastischem Material bilden, diese stauen sich an den Seiten des Vulkans. Es ist Wasser aus entstandenen Dämpfen oder späteren Regen. Diese Lahares sind aufgrund ihrer Geschwindigkeit und ihres Gewichts sehr zerstörerisch.

Die meisten Vulkanausbrüche machen sich Wochen oder Monate vor dem Ausbruch bemerkbar. Das Aufsteigen der Magma wird von leichten bis mittleren Erdbeben begleitet; der Vulkan fängt an sich zu verformen, es gibt verstärkte Rauchaktivitäten und die Temperatur steigt. Das bedeutet aber nicht, dass ein Ausbruch stattfinden wird, sondern lediglich das sich die Wahrscheinlichkeit dafür erhöht hat.

Vulkanfelder in Timanfaya. Ausrichtung der Vulkane vom Montaña Rajada zum Montaña del Fuego

INSELRELIEF

Lanzarote ist die östlichste Insel des kanarischen Archipels und mit 850 km² die viertgrößte. Sie liegt 125 km von der afrikanischen Küste entfernt und hat derzeit ca. 135 000 Einwohner.

Die genaue geographische Lage auf der Nordhalbkugel ist: Zwischen 13° 25′ und 13° 55′ westlicher Länge und zwischen 28° 50′ und 29° 20′ nördlicher Breite. Im Norden der Insel gibt es eine Ansammlung von kleineren Inseln, die unter dem Namen Chinijo-Archipel zusammengefasst werden. Zu ihm gehören La Graciosa, Alegranza, Montaña Clara, Roque del Este und Roque del Oeste. Lanzarote und Fuerteventura werden durch die Meerenge von Bocaina getrennt, die an ihrer engsten Stelle nur 10 km beträgt und eine durchschnittliche Tiefe von nur 35-40 m hat.

Die Landschaft der Insel wird nicht nur von den natürlichen Gegebenheiten und den geologischen Prozessen bestimmt, sondern auch durch den Eingriff des Menschen, das heißt, vor allem durch die Landwirtschaft, die ihrerseits durch das Halbwüstenklima konditioniert ist.

Zunächst werden wir die geologisch entstandene Landschaft betrachten, um danach über die - durch Landwirtschaft veränderten - Gebiete zu sprechen.

Berge. Das Relief wird von zwei Bergmassiven bestimmt, die von einer flachen, hügeligen Senke getrennt werden, in der man gut erhaltene, aufgereihte Vulkane findet. Dieser „Korridor" ist hauptsächlich von Sand bedeckt, der von der Bahía de Penedo kommt und vom Wind zur gegenüberliegenden Küste transportiert wird. Dieses Phänomen trägt den Namen *Jable* (Dünenfeld).

Im Norden dominiert das Famara-Massiv mit einer Länge von 20 km und einer Breite von 4 km. Sein höchster Punkt ist der Pico Castillejo mit einer Höhe von 668 m. In diesem Massiv gibt es mehrere prähistorische Vulkane. Der größte und auffälligste unter ihnen ist der Volcán de La Corona, zusammen mit seinem großen Lavafeld, das dem Meer einige Quadratkilometer abgerungen hat.

Im Süden stellt das Femés-Massiv die höchste Erhebung dar. Es ist 10 km lang und 5 km breit und der höchste Punkt ist der Hacha Grande mit 561 m Höhe. Der Rest der Insel ist eine Ebene, die an der Küste und an den zahlreichen Stränden endet.

Vulkane. Lanzarote wird auch die Insel der hundert Vulkane genannt (tatsächlich sind 110 registriert). Die meisten liegen im Zentrum der Insel. Dieser Sektor wird im Norden von der Linie Bahía de Penedo-Montaña Guanapay-Montaña de Guatiza begrenzt und im Süden von der Linie Bahía de Ávila-Yaiza-Laguna del Janubio. Die wichtigsten Punkte dieses Gebietes sind: in der Gegend von Soo; die kleine Aufreihung von Vulkanen mit dem Caldera Trasera (293 m) als höchstem Punkt und etwas weiter im Osten, die alte -1 km breite und 181 m hohe - Caldera del Cuchillo mit niedrigen Rändern und dessen flacher Grund landwirtschaftlich genutzt werden kann. Im Gebiet von Tenezar, Tinguatón, Tiagua, Tao und Mozaga liegen einige, unregelmäßig verteilte Vulkane mit nur kleinen Aufreihungen. Einer der wichtigsten ist der Berg Tenezar (368 m), dessen eine Seite vom Meer erodiert ist und somit eine große Bucht bildet. In der Nähe des Dorfes Tinguatón findet man eine weitere Vulkanreihe: Montaña Quemada, Caldera Quemada, El Filete, Montaña Coruja und Montaña de los Rostros. Zwischen Tiagua und Tao liegen der Montaña del Clérigo Duarte und der Pico Perneo, die bei den Eruptionen von 1824 entstanden und von wo aus man einen herrlichen Panoramablick hat. Wenn man Tao westlich umfährt, stößt man auf den Berg Tamia, einen 550 m hohen, halbkreisförmigen Krater. Zu erwähnen ist auch die große, 47 km lange, Aufreihung von Vulkanen, die sich von Guatiza bis nach Punta de Pechiguera erstreckt. Die Vulkane dieser Kette bilden keine gerade, ununterbrochene Linie und stammen auch nicht aus derselben Epoche. Jedoch ist die Anordnung nicht zufällig sondern folgt einem vulkanischen Graben. Eine weitere, 4 km lange Aneinanderreihung von Vulkanen ist die sogenannte Zonzamas-Gruppe. Der gleichnamige Vulkan ist mit 329 m der höchste dieser Gruppe. Weiter im Westen liegt der kegelförmige Montaña Blanca, mit 556 m einer der höchsten von Lanzarote. Schließlich ist noch die Zone des Timanfaya-Nationalparks zu erwähnen. Hier gibt es fast 30 neuere Vulkankegel, die sich auf verschiedenen Brüchen der Erdrinde aufreihen. Diese Zone werden wir später noch ausführlicher betrachten.

Wie bereits gesagt, folgen die Eruptionen auf den Kanarischen Inseln keinem festen Zeitschema. Die Erde kann sich zu jeder Zeit und überall auftun, und Lava unter immensen Gasdruck ausstoßen. In den letzten 500 Jahren hat sich gezeigt, dass diese Ausbrüche wenige Tage dauern. Die einzige Ausnahme bilden die Ausbrüche von Timanfaya auf Lanzarote, die sechs Jahre dauerten.

Bahía de Penedo und Klippen von Famara

Weinanbau in La Geria

Küsten. Die Ostküste zwischen Punta Fariones und Arrecife ist eine flache Felsküste. Es handelt sich um ein stark erodiertes Lavafeld (*Malpaís*), das nur bei Punta Fariones und an den Klippen von Los Ancones eine Höhe von 50 m erreicht. Die südlichere Küste zwischen Arrecife und Playa Quemada ist ebenfalls flach, jedoch mit großen Stränden durchsetzt. Im äußersten Südosten, zwischen Playa Quemada und Punta del Papagayo gibt es ziemlich hohe Klippen, die ebenfalls von Stränden unterbrochen werden. Die Südküste wird in Richtung Punta Pechiguera immer sanfter und besitzt bemerkenswerte Strände wie Playa de Las Mujeres, Papagayo und Las Coloradas. Die westliche und nordwestliche Küste bis Punta Penedo weist die gleichen Merkmale auf, jedoch ohne Strände und wird nur unterbrochen von den Lagunen von Janubio und von der Bucht El Golfo. Zwischen Punta Penedo und Punta Granada liegt eine Flachküste mit dem riesigen Strand von Famara. Von diesem Strand bis nach Punta Fariones liegt eine Steilküste mit Klippen, die bis zu 500 m Höhe erreichen. Diese Klippen werden dann flacher und bilden schließlich eine Flachküste bei Playa del

Kontraste am Strand Playa de La Concha

Risco und bei den Salinen an der nördl. Meerenge, gegenüber von La Graciosa.

Strände. Die Gesamtlänge der Küste beträgt ca. 195 km, zusammen mit den 55 km der kleineren Inseln kommt man auf rund 250 km. Sie verteilen sich wie folgt: 157 km hohe und flache Klippen, 62 km flache Fels- und Steinstrände und 30 km Sandstrände, von denen 10 km künstlich sind.

Auf Lanzarote gibt es 99 Strände, 9 auf La Graciosa und einen auf Alegranza, von denen 56 (33 kleine, 15 mittlere und 8 große Strände) als nutzbar für Tourismus und Freizeit angesehen werden. Die meisten Strände sind aus feinem Sand, andere aus grobem Sand oder aus Sand und Steinen. Meist ist der Sand weiß, es gibt aber auch braune und schwarze Sandstrände.

Hier die wichtigsten Strände, aufgezählt von Arrecife in Richtung Norden:

Playa del Reducto: Künstlicher, 470 m langer Strand mit gelbem Sand in Arrecife; leicht zugänglich.

Playa Bastián und **Playa de las Cucharas**: Künstliche, 360 und 600 m lange Strände mit gelbem Sand in Costa Teguise. Leicht zugänglich von der Promenade, die an ihnen vorbeiführt. An windigen Tagen sollte man vorsichtig sein und vor allem die Wassertiefe nicht vergessen.

Playa del Caletón Blanco: Schöner, 500 m langer Strand mit weißem Sand in der Nähe von Orzola. Leichter Zugang, jedoch ist ein Fahrzeug zur Anfahrt nötig. Die gesamte Küste in dieser Gegend wird vom Malpaís de la Corona geprägt, einer niedrigen Felsküste mit Buchten, wo kalkhaltiges Material zu weißen Stränden gemahlen wurde, die wunderbar mit der vulkanischen Landschaft kontrastieren. Diese Buchten haben sich in die Küste eingegraben und weißen Dünen setzen sich schnurgerade ins Landesinnere fort.

Man findet die bereits erwähnten Salzhafer, Blaugrüne Melden, Wüstenorchideen und Dünen-Wolfsmilch und viele andere mehr. Zwischen den vulkanischen Felsen kann man eine große Zahl von Wolfsmilchgewächsen und Flechten entdecken.

Playa del Risco: 915 m langer, wilder Strand am Fuß der Klippen von Famara mit feinem, braunen Sand. Der Zugang ist kompliziert, denn man muss mit einem Boot von Órzola, Caleta de Famara oder Caleta del Sebo dorthin fahren. Oder man macht einen schönen einstündigen Spaziergang über den Weg von Guinate, der über die Klippen von Famara hinab führt. Man sollte jedoch nicht vergessen, dass auf dem Rückweg ein beschwerlicher Aufstieg wartet. Die Belohnung ist ein herrlicher, einsamer Strand, der jedoch an windigen Tagen nicht zu

Playa de las Cucharas

Playa del Caletón Blanco

Playa del Risco

Playa de Famara.

empfehlen ist. Außerdem sollte man vorbereitet sein: Essen, Wasser, Sonnenhut etc.

In der Gegend des Strandes gibt es viel zu sehen: Historische Schätze wie die Salinen del Río und die archäologische Fundstätte Fuente de Gusa; die, für sandige und salzhaltige Böden und Felsenklippen, so typische Vegetation; und nicht zu vergessen die Vogelwelt. Hier gibt es zahlreiche, typische Küsten- und Raubvögel, die über den Klippen kreisen. Die gesamte Landschaft ist einfach sehenswert.

Playa de Famara: Strand aus feinem, braunem Sand mit einer Länge von 2800 m, am Fuß der gleichnamigen Klippen. Um dorthin zu

Playa de la Santa Sport

kommen, braucht man ein Fahrzeug, ist aber an windigen Tagen nicht zu empfehlen. Etwas gefährlich wegen des ständig hohen Wellengangs. In der Mitte des Strandes sieht man die Reste eines gestrandeten Schiffs.

Am oberen Bereich des Strandes sieht man einen Felsenbogen aus Basalt, der vom Meer rund geschliffen ist. Hinter dem Strand gibt es Dünen, die an bis zu zwei Meter hohen Salzhafer-Pflanzen verankert sind. Diese für diese Gegend so charakteristische Landschaft wird hier als *Médanos* bezeichnet.

Playa de la Santa Sport: Künstlicher, 940 m langer Strand bei den Sportanlagen von La Santa Sport. Sehr einfach zu erreichen. Dieser Strand liegt an einem kleinen Strandsee, den man künstlich geschaffen hat, indem man die vorhandene Bucht geschlossen und so vom Meer abgeschnitten hat.

Playa Mujeres, Playa del Pozo, Playa de la Cera, Caleta del Congrio und **Playa del Puerto Muelas**: weiße Kalksand-Strände im Süden der Insel, welche 105 m bis 415 m lang sind. Sie sind voneinander durch hohe Klippen getrennt. Einige dieser Strände sind wie geschlossene Buchten und können daher auch an windigen Tagen besucht

Playa Grande in Puerto del Carmen.

werden. Vom Ort Playa Blanca aus sind sie einfach zu erreichen.

Die vorherrschende Vegetation bildet eine Ansammlung von wurmförmigen Salzkraut und Dornlattich, gleich hinter den Stränden findet man die typischen Sandböden.

Der 1060 m lange **Playa Grande** und der **Playa de los Pocillos** mit 1275 m Länge sind Gelbsandstrände in Puerto del Carmen. Leichter Zugang, jedoch nicht sehr zu empfehlen an windigen Tagen. Der Sand, der sich am Strand und dahinter angesammelt hat, ist angeweht und stammt von den Dünenfeldern von Famara. Am Strand Playa de Pocillos gibt es zwei Strandseen, die direkt mit dem Meer verbunden sind. Beide Strände werden von einer Strandpromenade flankiert und sind mit dem Ort verbunden.

Playa de La Concha. Dieser Strand liegt im Westen der Insel La Graciosa, gleich neben dem Vulkankegel Montaña Bermeja. Er ist aus weißem Sand, der sich in Form von Dünen weit ins Innere zieht. Der Zugang kann nur zu Fuß oder mit dem Fahrrad erfolgen. Man fährt in Caleta del Sebo los und überquert in ca. 45 Minuten die Insel. Der Ausflug lohnt sich, diese fast unberührten Landschaft bietet dem Betrachter ein malerisch,

Playa de Papagayo

Playas del Pozo, Playa de la Cera und Playa Mujeres.

Playa de la Concha

kontrastreiches Bild; roter Vulkan und schwarzen Felsen vor weißem Sand.

Landwirtschaft. Sie wird durch die geringen und unregelmäßigen Niederschläge (144 mm im Jahr), den ständigen Wind und die Knappheit an fruchtbarem Boden geprägt. Diese eher feindliche Umwelt hat den Erfindungsgeist der Lanzarotener (auch *Conejeros* genannt) angespornt. Im Laufe der Zeit mussten sie Techniken für die Landgewinnung und für den Anbau entwickeln, die sich perfekt an diese Gegebenheiten anpassen. Die verschiedenen Typen von landwirtschaftlich genutzten Flächen lassen sich wie folgt in Gruppen zusammenfassen:

- Anbau von Wein und Feigenbäumen auf jungen Lavafeldern mit künstlichen Schutzmauern aus Vulkangestein. Sie prägen die Gegend von La Geria, im Zentrum der Insel. Ohne Zweifel die attraktivste Anbauform, nicht nur wegen der Landschaft, sondern auch aufgrund der angewandten Techniken.

-Anbau, meist von Zwiebeln, auf Parzellen, die künstlich mit vulkanischer Asche (Lapili) bedeckt und von quadratischem Vulkangestein eingefasst sind, auch hier werden Weinstöcke angepflanzt.

-Anbau von Süßkartoffeln und Wassermelonen auf Sandflächen (*Jables*). Windschutz mit Strohmatten, Getreidegürtel oder Schilfrohr.

-Anbau von Feigenkakteen auf künstlich mit vulkanischem Sand angelegten Flächen zur Zucht von Schildläusen. Normalerweise umgeben von Mauern aus Vulkangestein. Gegend: Mala und Guatiza.

-Anbau auf natürlichen Sedimenten. Im Vergleich zu den anderen Anbauarten unscheinbar, verfügen sie jedoch über den fruchtbarsten Boden. Das hierfür beste Beispiel bildet das Tal von Haría, wo auch ein schöner Palmenhain gedeiht.

-Der terrassenförmige Anbau auf Berghängen wird wegen des hohen Arbeitsaufwandes, gemessen an den geringen Erträgen zunehmend zum Nachteil des Landschaftbildes, aufgegeben. Sie sind in den Schluchten im Norden zu finden.

Besonders interessante Landschaften. Obwohl die gesamte Insel landschaftlich sehr schön ist, hat die Anordnung der soeben erwähnten Gebiete dazu geführt, dass einige Teile der Insel mehr „Landschaftsqualität" haben. Bei der Auswahl der Landschaften wurden folgende Faktoren berücksichtigt: Was man sieht, die Qualität dessen und die Stärke des visuellen Eindrucks. Landschaften, die ausführlich besprochen werden:

-Der Vulkan La Corona, das angrenzende *Malpaís* und die nahen Anbaugebiete. Das hügelige Massiv von Quemada bis zur Punta de la Cantería, die Klippen von Famara, die Täler von Guinate, Termisa und Barranco Hondo.

-Das Tal und der Palmenhain von Haría, La Atalaya und Montaña de los Llanos.

-Montaña Bermeja, Montaña Roja, Tamia, Timbaiba, Tersa, Blanca, Guatisea, Mina, Zonzamas und Maneje.

-La Geria bei Tías, Vulkan von Masdache und Umgebung.

-Punta de Papagayo und Massiv von Ajaches.

-Schlucht von Tenegüime.

-Vulkan und Malpaís von Timanfaya.

-La Graciosa und die Felseninseln.

Weitere einzigartige und erwähnenswerte Punkte der Insel, sei es aufgrund ihrer Harmonie, oder ihres kulturellen oder didaktischen Wertes, oder auch ihres guten Panoramablicks, sind: Die Salinen von Janubio, Los Hervideros, El Golfo, der Timanfaya Nationalpark, der Strand von Famara, der Aussichtspunkt von Guinate, die Salinen von El Río, die Playa de Las Conchas (La Graciosa), die Aussichtspunkte Haría und El Río, der Corona Vulkan, Cueva de los Verdes, die Jameos del Agua und der Aussichtspunkt von Femés. Alle diese Orte sind leicht zu erreichen.

NATÜRLICHE RESSOURCEN

Klima. Lanzarote hat ein Halbwüstenklima mit geringen Niederschlägen (140 mm/Jahr) und liegt in den ständig wehenden Passatwinden. Der Einfluss der kalten Meeresströmung, in der die Kanarischen Inseln liegen, mildert dieses Klima erheblich ab, sodass die Jahresdurchschnittstemperatur bei 20,16ºC liegt und die Temperaturschwankungen sehr gering sind. Der kälteste Monat ist Januar und der heißeste August.

Aufgrund der subtropischen Lage liegen die Inseln fast das ganze Jahr über unter dem Einfluss von Hochdruckgebieten. Hierbei spielt vor allem das Azorenhoch eine entscheidende Rolle, von dem auch die Passatwinde entscheidend beeinflusst werden. Die Passatwinde, aufgrund ihres langen Weges über das Meer, kommen beladen mit Feuchtigkeit und Salz bei den Inseln an und bilden oft horizontale Wolkenfelder. Die Durchschnittsgeschwindigkeit dieser Winde beträgt 23 km/h, sie werden zusätzlich durch das Relief der Insel beschleunigt. Früher nutzte man diese Winde, um Wasser in die Salinen zu pumpen und um das Getreide zu mahlen, welches zur Gofioherstellung diente.

*Die **relative Luftfeuchtigkeit** ist der prozentuale Koeffizient aus der tatsächlichen Menge von Wasserdampf in der Luft bei einer best. Temperatur und der Menge von Wasserdampf, die die Luft bei dieser Temperatur aufnehmen könnte.*

*Die **Windrose** zeigt die Häufigkeit der Winde aus verschiedenen Richtungen- ausgedrückt in %- und auf diese Weise ergeben sich monatliche oder jährliche Windrosen. In der Mitte liest man die Windstille (in %) ab. Die Windrose für die Insel Lanzarote ist die hier abgebildete.*

Die Passatwinde bestehen aus zwei Schichten. Die untere befindet sich je nach Stärke auf 1200 m bis 1800 m Höhe, sie ist feucht und kühl, während die obere (NW) trocken und warm ist. Da Lanzarote diese Höhen nicht erreicht, liegt es nicht unter dem Einfluss dieser zweiten Schicht. Deshalb ist die Feuchtigkeit eine konstante Größe auf der Insel. Der Temperaturunterschied zwischen den beiden Schichten führt zur Entstehung von Stratocumuluswolken.

Wenn das Hochdruckgebiet nicht dominiert, ändert der Wind seine Richtung; entweder weht er aus Südwest vom Atlantik her oder kommt aus Nord oder Nordost und trägt polare Luftmassen heran, die Tiefsttemperaturen und starke Kurzregenfälle, die sogenannte *gota fría* verursachen. Wenn der Wind aus dem Osten oder Südosten weht, dann herrscht sogenanntes Südwetter und es wehen gewöhnlich heiße, sandbeladene Winde aus der Sahara.

Die hohe Anzahl an Sonnenstunden ist ebenfalls ein wichtiges Merkmal. Der Jahresdurchschnitt liegt bei 2500 Stunden. Die relative Luftfeuchtigkeit liegt bei 70%, was die Trockenheit etwas dämpft. Niederschlag ist selten und fällt in den Monaten zwischen September und Mai. Der regenreichste Monat ist Januar und am wenigsten regnet es im August. Gewitter sind sehr selten.

Die Wassertemperatur liegt zwischen 17 und 23ºC an der Oberfläche. Die Meeresströmungen sind auf der Westseite stärker und kontinuierlicher und verlaufen fast immer von NO nach SW, parallel zur Küste.

Leben und Evolution auf der Insel.

Die Kanarischen Inseln liegen innerhalb der biogeographischen Einheit, die den Namen Makaronesien trägt. Diese Bezeichnung kommt aus dem Griechischen (makaros=glücklich, nesos=Insel) und besteht aus fünf Inselgruppen im Atlantik: Madeira, Azoren, Salvagens, Kapverdische Inseln und Kanarische Inseln. Es gibt viele Gemeinsamkeiten in der Fauna und Flora dieser Inselgruppen. Der größte Teil der Pflanzen und Tiere des Archipels stammen aus Afrika und Europa.

In den letzten Jahrtausenden, während sich auf den besagten Kontinenten starke Klimaschwankungen vollzogen und ihre Fauna und Flora sich diesen anpassten, herrschte auf den makaronesischen Inseln eine relative klimatische

Chinijo-Archipel

Stabilität und somit haben sich viele Arten erhalten, die in der restlichen Welt schon lange ausgestorben sind. Daneben haben sich neue Arten aus den bereits vorhandenen weiter entwickelt.

Die Kanarischen Inseln sind zu einem Freilichtmuseum geworden. Hier wird an unzähligen Beispielen, neben alten Arten und Lebensräumen, die Evolution auf den Inseln und die Schöpferkraft der Natur deutlich. Hätte Darwin nicht die berühmte Quarantäne im Wege gestanden, so hätte er auf den Kanarischen Inseln genügend Argumente für seine Theorien gefunden, die er dann später an den Küsten Südamerikas und auf den Galapagos-Inseln bestätigt fand. Obwohl es auf den Kanarischen Inseln kaum Wirbeltiere gibt, so sind bei Vögeln und Reptilien einige Arten zu finden, die denen gleichen, die zur Formulierung der berühmten Evolutionstheorie führten. Trotz dieser relativen Armut ist der Schatz an Pflanzen und wirbellosen Tieren so groß, dass auch heute noch neue Arten beschrieben werden und der natürlichen Schatzkammer der Inseln und der Menschheit hinzugefügt werden.

Wie interessant die Natur der Inseln ist, zeigt sich an den Besuchen und Untersuchungen bekannter Forscher wie Humboldt, Webb, Viera y Clavijo und vielen anderen. Das erklärt auch, wieso mehrere ihrer natürlichen Räume zum Weltkulturerbe (El Cedro) oder zum Weltreservat der Biosphäre (Bosque de Los Tilos, und die Inseln Fuerteventura und Lanzarote) erklärt wurden.

Am 7. Oktober 1993 wurde Lanzarote von der UNESCO zum Weltreservat der Biosphäre erklärt. Dadurch wurden die einzigartigen natürlichen Schätze der Insel und die Anstrengung seiner Bewohner, diese zu erhalten, entsprechend gewürdigt.

Eine nachhaltige und ausgeglichene Entwicklung zu erreichen ist zu einer der dringendsten und komplexesten Aufgaben der Menschheit im 21. Jahrhundert geworden. Unter „nachhaltiger Entwicklung" versteht man, die Bedürfnisse der gegenwärtigen Generation so zu befriedigen, dass die Möglichkeiten der nachfolgenden Generationen unbeschadet bestehen.

Seit 1976 gibt es die ersten Weltreservate der Biosphäre. Seitdem sind 305 Gebiete in 78 Ländern durch diese Bezeichnung geschützt.

An Salzhafer (Trajanum moquinii) verankerte Dünen am Strand von Famara. Eine Médano-Landschaft.

Flora. Auf der Insel wachsen spontan 612 Pflanzenarten (Farne und Pflanzen mit Blüten), von denen die meisten als heimisch betrachtet werden können. Unter ihnen gibt es 93 kanarische Endemismen, von denen wiederum 20 nur auf Lanzarote wachsen und 24 nur auf Lanzarote und Fuerteventura.

Im Vergleich zum kanarischen Archipel, wo es auf 7200 km² 650 Endemismen gibt, ist die endemische Flora nicht gerade üppig. Im Vergleich zu anderen europäischen Ländern, wird die Bedeutung des Reichtums an Endemite um so deutlicher. So hat Frankreich, mit einer Ausdehnung von 560 000 km² 100 endemische Arten, Grossbritanien mit 250 000 km² verfügt über 16 und Deutschland, mit 350 000 km² hat ganze 6 Endemismen.

Die Vegetation der Kanarischen Inseln ist stufenförmig gegliedert. Sie wird von den Passatwinden und der Höhe des Inselgebäudes beeinflusst. Lanzarote ist kaum höher als 600 m ü.d.M. an den höchsten Stellen der alten Massive. Deshalb streichen die Winde über die Insel, ohne ihre Feuchtigkeit in Form von Niederschlägen abzuladen. Gegenüber der Wälder, die wir auf den höheren Inseln des Archipels finden, weist Lanzarote eines der besten Beispiele für sommertrockenes Wüstenklima im Bereich des

sogenannten Kanarischen Basiskomplexes auf. Die Pflanzendecke ist ziemlich dünn, und dazu trägt nicht nur die Trockenheit des Klimas bei, sondern auch die zerstörerische Aktion des Menschen und das exzessive Abweiden durch das Vieh. Außerdem ist eine große Fläche mit Material aus sowohl vorgeschichtlichen als auch Ausbrüchen jüngerem Datums bedeckt. Hier hat die ökologische Entwicklung aus Zeitmangel gerade erst begonnen.

Heutzutage tragen der Niedergang der Land- und Viehwirtschaft sowie das Umdenken der Menschen dazu bei, weite Landstriche unter Schutz zu stellen und so eine langsame Erholung der stark geschädigten Pflanzenarten zu ermöglichen. Heute entwickeln sich einige Landschaften wieder auf ihren alten Zustand hin, dessen Überreste in entlegenen und/oder wirtschaftlich uninteressanten Gebieten überlebt haben.

Die unter diesem Aspekt interessantesten Gebiete sind die Klippen von Famara, Los Ajaches,

> **Böden des kanarischen Basiskomplexes.**
> *Vegetation der halbtrockenen Mittelmeergegenden. Niederschläge zwischen 100-300 mm. Mittlere Temperatur bei 20 º C, hohe Sonneneinstrahlung und Lehm-, Salz- oder Kalkböden (caliches). Beispiele: Pflanzen, die Wasser speichern können, Euphorbienarten, Salzwiesen und trockene Weiden.*

das Malpaís de La Corona, die Strände mit organischem Sand (weiße Sandstrände im Norden, Gegend von Papagayo, usw.) und die Entstehung von Böden und deren Bewuchs mit Pflanzen im Gebiet von Timanfaya.

Die häufigste Vegetationsform ist ein dorniges Gestrüpp, das sich durch Täler und über Hänge zieht und das sowohl in entlegenen Gebieten als auch in ehemals bewirtschafteten Bereichen vorkommt. Gemeinhin bezeichnet man dieses Phänomen als *Malezas*. Aufgrund der Widerstandskraft des Dornlattich, dominiert diese Pflanze auf der Insel und hat in einigen Teilen der Insel fast Monopolcharakter. In den Gegenden, wo sich die ursprüngliche Vegetation besser erhalten hat, steigt die Artenvielfalt etwas an. Hier findet man Bocksdorn, Salzmelden und wurmförmiges Salzkraut.

Man geht davon aus, dass Kleinien, Wolfsmilch, Riesen Hauswurz, u.a. Vertreter der ursprünglichen Vegetation Lanzarotes sind. Wolfsmilchgewächse findet man vor allem am Fuß und auf den Hängen einiger Bergrücken und in Einschnitten, nicht zu vergessen sind einige bedeutende Vorkommen auf jüngeren Lavamassen und auf den sogenannten *Islotes* (s. o.). In Gegenden, die unter dem Einfluß der Meeresbrisen liegen, findet man vor allem die Balsam-Wolfsmilch.

Die Palmen, die praktisch die einzige einheimische Baumart darstellen, findet man in Schluchten und Tälern und vor allem an den Rändern der alten Anbauterrassen (*Gavias*). Besondere Aufmerksamkeit verdient der Palmenhain von Haría, der in der Nähe des gleichnamigen Dorfes liegt. Von den 10 000 Palmen, die es früher einmal gab, sind kaum 5 000 übrig geblieben. In Gebieten,

die regelmäßig von Meerwasser überspült werden, findet man eine weitere interessante Vegetationsform: die Salzwiesen mit Arten wie die Blaugrüne Melde, die Graue Gliedermelde und die Tebete Rübe. Neben dem botanischen Interesse als Feuchtgebiete spielen diese Pflanzen auch eine wichtige Rolle für bestimmte Vogelarten.

Auch die Sandböden sind von vielen Pflanzenarten bewachsen. Man kann sie in zwei Zonen aufteilen: die Küsten und die Dünenfelder im Landesinneren.

Die Küstenböden und die angrenzenden Gebiete lassen sich aufgrund ihrer Farbe und ihrer geologischen Zusammensetzung in zwei Typen unterteilen, den schwarzen oder hellen Sand. Auf schwarzen Sandstränden gibt es so gut wie keine Vegetation. Auf den weißen Sandstränden ist das Desfontaine-Jochblatt, mit seinen fleischigen Blättern in Y-Form, die Nymphendolde und el *Cebollín de Playa* häufig anzutreffen. Vereinzelt sehen wir Wolfsmilch und Salzhafer. Diese ermöglichen die Bildung von großen Dünen mit einer Höhe von 2-3 m und einem Durchmesser von 4-5 m. Diese Spezies hat sich hinter den Stränden von Famara gut erhalten.

Die Dünenfelder, die den vorherrschenden Winden folgen, erstrecken sich weit ins Landesinnere. Die große Trockenheit, die Schleifwirkung des Sandes, die starke Sonneneinstrahlung und der Salzgehalt verhindern die Bildung einer Vegetationsdecke. Trotzdem überleben hier einige Arten wie Steinklee, Filzige Steppenmelde, *Melosas* und andere.

Die Vegetation auf den Klippen an der Küste hat sich an die extrem harten Bedingungen dieses Lebensraumes sehr gut angepasst. Wind, salzhaltige Feuchtigkeit und fehlender Boden erlauben es nur

Gänsedisteln (Sonchus pinnatifidus)

Ononis pendula

Die Steilküsten von Famara beherbergen die größte Pflanzenvielfalt. Lavendel (Lavandula pinnata)

einigen wenigen Arten, hier zu überleben. Das beste Beispiel hierfür sind die Klippen von Famara. Die Dichte der Vegetation ist hier nicht sehr groß, jedoch ist die Artenvielfalt überraschend.

Den ca. 230 Pflanzenarten mit Blüten muss man noch einige Farn-, sowie zahlreiche Moos- und Flechtenarten hinzurechnen. An den Klippen unterscheidet man folgende Vegetationszonen:

1. Küstenplattform. Für Sandböden typische, helle Pflanzenarten.

2. Fuß der Berge. Vereinzelt Wolfmilchgewächse und einige Strauch-Melden, vor allem auf niedrigen Höhen. Über 150 m: Kleinien, Glatte Baumschlingen, Bocksdorn, Dornlattich, Steinklee, *Lengua de pájaro*, Strandflieder u.a.

3. Auf über 300 m. Hauswurz, *Bejeques*, *Garbancillos*, Bocksdorn (s. o.), *Cerrajas*, *Chahorras*, etc.

4. Tiefe Schluchten. Vor allem König-Juba-Wolfsmilch und Kleinie.

Auf den Klippen von Guinate-Famara gab es vor langer Zeit auch strauchförmige Arten von Heidekraut, Zedern und Loorbeerbäumen, das heißt, Überreste eines waldartigen Baumbestandes, der praktisch nicht mehr existiert.

Die Lavafelder bilden ebenfalls eine wichtige Vegetationszone. Obwohl der Prozess im Moment an den meisten Stellen kaum sichtbar ist, so wird sich die Lava doch in den nächsten Jahrhunderten oder Jahrtausenden mit einer der Umgebung entsprechenden Vegetationsdecke überziehen. Man muss hier zwei Zonen unterscheiden: die vorgeschichtlichen Lavafelder, welche schon gut bewachsen sind (z. B. das Malpaís de La Corona) und die neueren Lavafelder, deren Bewuchs mit Pflanzen gerade erst begonnen hat (z. B. Timanfaya).

Für das Lavafeld von La Corona sind die Wolfsmilchgewächse typisch, die je nach Höhenlage Balsam-Wolfsmilch oder die König-Juba-Wolfsmilch sein können.

1. Unter 100 m sieht man wie in anderen Gegenden des Westens der Insel, v.a. die Balsam-Wolfsmilch, abgesehen von vereinzelten Arten wie Kleinien, Dornlattich, Bocksdorn (s. o.), Eiskraut und *Spargel*.

2. Über 100 m herrscht die König-Juba-Wolfsmilch vor, es gibt auch einigen Kleinien, Dornlattich, *Heliantemos*, (s. o.) Diese Vegetationsform reicht hinauf bis zum Gipfel des Vulkans.

In Timanfaya schafft sich die spärliche Vegetation auf zwei Weisen Raum: über natürliche Entwicklung und somit Eroberung der Welt der

Strauchmargerite (Argyranthemum frutescens)

Minerale, oder durch die Ausbreitung jener Pflanzen, die von den Vulkanausbrüchen unberührt blieben.

Auf den Lavafeldern sind die Flechten aufgrund ihrer umwandelnden Kraft die Vorreiter der späteren, höheren Vegetationsformen, welche mehr Nährstoffe benötigen.

Bisher sind 71 Flechtenarten bekannt. Die Flechten sind die vorherrschende Vegetationsform in den steinigen Ebenen, an Berghängen, Felsspalten und selbstverständlich in den *Malpaíses*. Zwei Flechtenarten, die eine etwas komplexere Struktur haben, sind die Färberflechte und die *Orchilla* (Orseille), die früher zur Gewinnung von Farbstoffen verwendet wurden. Man findet sie an den unzugänglichsten Plätzen auf der Nordseite von Klippen. Zu höher entwickelten Pflanzen gibt es wenig zu sagen. Zu erwähnen sind hier allenfalls die Wolfsmilchansammlungen und einige Desfontaine-Jochblätter.

Innerhalb des Timanfaya-Nationalparks findet man die meisten Pflanzen auf den *Islotes* (alte Vulkankegel, die durch jüngere Lava isoliert wurden). Sie sind regelrechte Oasen, verglichen mit ihrer Umgebung. Allein im Park hat man 239 verschiedene Spezies katalogisiert, davon 8 Endemiten auf Lanzarote, 7 auf Lanzarote und Fuerteventura, 13 kanarische und 6 makaronesische Endemiten.

Schlussfolgernd lässt sich die Vegetation auf Lanzarote zwar in Daten ausdrücken, ist aber in der Landschaft für das Auge relativ wenig sichtbar. Einige „Schätze" verbergen sich an den unzugänglichsten Stellen im Famara-Massiv, inmitten von Lavafeldern oder auf trockenen, sandigen Böden. Glücklicherweise verfügen die Kanarischen Inseln heutzutage über eine ausreichende Umweltgesetzgebung, die Landschaften dieses natürlichen Lebensraumes und die darin lebenden Arten entsprechend schützt und ihre Missachtung bestraft. Dies entbindet uns jedoch nicht von der persönlichen Verantwortung, zur Erhaltung dieser Naturschätze beizutragen, denn der aktive Umweltschutz ist nicht Sache einiger weniger, sondern eine Aufgabe für uns alle.

Fauna. Ohne Zweifel sind die **wirbellosen** Tiere, und unter ihnen die Insekten, die zahlreichsten Vertreter auf dem Archipel. Man zählt über fünftausend Arten, von denen ungefähr 10% heimisch sind. Dieser Prozentsatz erreicht bei den Käfern sogar 35%. Wenn man etwas genauer aufpasst, dann kann man überall Käfer, Mücken, Spinnen, Grillen, Heuschrecken und andere Insekten finden. Selbst in den unwirtlichen Lavafeldern von Timanfaya hat man mehr als 120 verschiedene Arten gezählt. Auf Lanzarote sind besonders zwei Arten erwähnenswert: eine fossile, die *Antophoren*, und eine lebende, die *Koschenilleschildlaus*, die einen großen Einfluß auf die Landschaftsgestaltung haben.

Die *Antophoren* waren wespenähnliche Insekten, die ihre Eier in kleinen Höhlungen im Sand ablegten, wo sich dann die Larven entwickelten. Diese „Nester" sind heute versteinert und weit verbreitet in den sandigen Ebenen des Inselinneren. Sie sehen wie kleine elliptische Sandkugeln aus, und sind innen hohl.

Die kleinen weißen Flecken auf den Kakteenblättern sind weibliche Schildläuse. Diese Insekten hatten in der Vergangenheit eine große wirtschaftliche Bedeutung, denn aus ihnen wurde

Koschenilleschildläuse

Wiedehopf

Weidensperling

ein roter, sehr geschätzter Farbstoff gewonnen. Dieses Insekt wurde 1827 unter Naturschutz gestellt. Da man in wissenschaftlichen Studien immer mehr auf die Schädlichkeit von billigeren, chemischen Farbstoffen hinweist, gewinnt die Schildlaus wieder an Bedeutung.

Im Gegensatz zum Artenreichtum der niederen Tiere ist die Präsenz von **Wirbeltieren** auf der Insel ziemlich ärmlich, und nur die Vögel zeichnen sich durch einen relativen Artenreichtum aus. Auf dem Archipel haben Lanzarote und die zugehörigen Felseninseln die meisten Spezies, die zum Teil heimisch sind, hier brüten oder auf ihren Wanderungen hier Station machen. Die strategische Lage der Inseln für die Wanderrouten der Vögel, als Rast- oder Nistplatz, gibt den Feuchtgebieten der Insel eine Bedeutung, die weit über die lokale hinausgeht. Die unbewohnten Küsten von Lanzarote, die Tümpel, Lagunen, Salinen und andere Feuchtgebiete dienen den Vögeln als Rast- und Futterplatz, wobei die Arten je nach Jahreszeit variieren. Die Biotope, in denen sich die verschiedenen Vogelarten aufhalten, sind die folgenden:

1. Die kleinen Felseninseln. Aufgrund ihrer Abgeschiedenheit und ihrer Lage fernab der Menschen sind diese Inseln zu einem Vogelreservat für alle bedrohten Arten auf den Kanaren geworden. Die wichtigsten Arten, die hier nisten und deren Erhaltung gesichert werden muss, sind: die Sturmtaucher, Silbermöven, Sturmschwalben, die Bulwersturmvögel, die Madeira-Sturmschwalben, das Kanaren-Schwarzkehlchen, die Pieper (in den *Malpaíses* und an den Stränden), die Stummellerchen (in sandigen Ebenen), die Turmfalken und die Fischadler (*Guincho*). Die meisten Fischadler

des gesamten Archipels sind auf den kleinen Felseninseln und auf Gomera zu finden.

2. Steinige und sandige Ebenen. In diesem offenen Gelände, in dem es viele Anbauflächen und dorniges Gestrüpp gibt, findet man, unter anderem, Arten wie Stieglitze, Grünlinge, Grauammern, Raubwürger, Hänflinge, Wiedehopfe, Blaumeisen, Triele, Rennvögel und Kragentrappen.

3. Bergige Gegenden. Die wichtigsten Arten dieser Zonen sind: Fischadler, Wander- und Berberfalken, Mäusebussarde, Turmfalken und Krähen. Letztere findet man praktisch überall, jedoch ziehen sie Berghänge und Hänge in Schluchten vor, wo sie auch bevorzugt nisten.

4. Salinen, Strandseen und Küsten. In diesen Biotopen sind vor allem die See- oder Flussregenpfeifer und die Gelbschnabel-Sturmtaucher zu erwähnen, die hier nisten. Unter den Wandervögeln, die sich hier aufhalten, gibt es große Regenpfeifer, Kiebitz-Regenpfeifer, Strandläufer und Reiher.

5. Die *Malpaíses* oder Lavafelder. Obwohl die Ressourcen in diesen Biotopen recht spärlich sind, gibt es doch ca. 20 Vogelarten, die hier nisten: Schmutzgeier, Turmfalken, nordafrikanische Rebhuhn, Felsentauben, Turteltauben, Schleiereulen, Wiedehopfe, Brillengrasmücken, Wüstengimpel etc.

6. Schluchten. Hier finden kleinere Vogelarten den größten Schutz, wie zum Beispiel der nordafrikanische Sperling, der auch in bewohnten Gegenden vorkommt, der Fahlsegler, die Schleiereule, der Mäusebussard und der Turmfalke.

Die Reptilien sind ebenfalls auf der Insel vertreten, und zwar v.a. durch Eidechsen, wie den Ostkanarenskink, der nur auf Lanzarote und Fuerteventura heimisch ist und durch die

Mauergeckos, die an Hausmauern und in der Nähe von Lichtquellen Jagd auf Insekten machen.

Die Familie der Amphibien ist durch den gemeinen Frosch vertreten. Dieser braucht Feuchtgebiete mit Süßwasser (Tümpel oder Stauseen) zum Überleben.

Alle Säugetiere, mit Ausnahme der Fledermäuse, die von selbst auf die Insel kamen, wurden vom Menschen gewollt oder ungewollt auf die Insel gebracht, wie z.B. alle Haustiere: Hunde, Katzen, Ziegen, Ratten, Schafe, Pferde, Dromedare und Esel.

Die wildlebenden Säugetiere, sind über die ganze Insel verstreut. Es handelt sich um Igel, Spitzmäuse, Fledermäuse, Kaninchen, Mäuse und Ratten.

Nicht nur aus traditionellen, sondern auch aus praktischen Gründen, aufgrund der Fischerei, verdient die **Meeresfauna** besonderes Interesse. Neuerdings spielen in diesem Bereich auch wissenschaftlich-technische und praktische Aspekte eine Rolle. Diese Tatsache hat dazu geführt, dass bestimmte Gebiete der lanzarotenischen Küste und die Felseninseln Schutzbestimmungen unterliegen.

Man unterscheidet 390 verschiedene Arten und 117 Familien. Natürlich können hier nicht alle zur Sprache kommen, jedoch möchten wir hier einige wichtige Daten über die verschiedenen Lebensräume und über die wichtigsten Arten, die in ihnen leben, vorstellen.

Die Tatsache, dass die Kanarischen Inseln nahe bei der afrikanischen Küste und in einem kalten Zweig des Golfstromes liegen, bringt bestimmte Veränderungen beim Salzgehalt des Wassers mit sich und beeinflusst entscheidend die Lebensbedingungen der Meeresfauna. In diesen Gewässern leben Pflanzen- und Tierarten aus vielen verschiedenen Regionen, welche hier den optimalen Lebensraum für ihre Entwicklung finden. Man kann die Lebensräume in zwei große Einheiten aufteilen: Einerseits die Windseite oder Nordseite der Insel zwischen Punta Pechiguera und Punta Fariones und andererseits die Windschattenseite oder Südseite der Insel zwischen Punta Fariones und Punta del Papagayo. Zwischen Pechiguera und Papagayo liegt eine offene Zone, die man als Übergangszone betrachten kann.

Der Unterschied zwischen diesen beiden Gebieten liegt nicht nur in den Meeresböden (Felsen oder Sand) oder der Stärke des Seegangs (starker Seegang und hohe Wellen auf der Nordseite fast während des ganzen Jahres), sondern vor allem auch in der Zusammensetzung und der Qualität des Wassers. Die nördlichen Gewässer sind etwas kühler und reicher an Plankton, was einen größeren Artenreichtum und eine größere Zahl von Meerestieren mit sich bringt. Hinzu kommt, dass die nördlichen Gewässer lange nicht so überfischt sind.

Viele Fischarten sind „Kreolen", das heißt, ihr gesamter Lebenszyklus spielt sich in der Nähe der Insel ab. Andere Fischarten wandern und kommen nur von Zeit zu Zeit auf die Insel. Dies ist der Fall bei den Thunfischen, Goldbrassen, Sardinen, Barrakudas und einigen Haiarten die man nur zu bestimmten Jahreszeiten bei der Insel findet.

Die wichtigsten Fisch- und Meeresfrüchtearten der Insel, geordnet nach Familien, sind die folgenden:

Meerbrassen, die typisch für die Küstenplattform sind: Gelbstriemen, Goldstriemen Geißbrassen, Streifenbrasse Brandbrassen, Zahnbrassen, Rotbrandbrasse, etc...

Die zweitgrößte Familie, im Hinblick auf ihren Artenreichtum bilden die verschiedenen Haiarten. Die meisten leben ständig in Inselnähe, in der Nähe des Meeresgrundes: Glatthaie, Katzenhaie, Dornhaie, Heringshaie, etc. Die wichtigsten „Wanderhaie" sind Hornhaie und Makos.

Die Familie der Thunfische ist ebenfalls zahlreich vertreten durch Bonitos, Sägefische, Großaugen-Thunfische sowie Barrakudas und die allgegenwärtigen Makrelen.

Andere Arten, die nicht in den aufgeführten Familien enthalten sind:

Über der Plattform: Petermännchen, Goldmäuler, Riffbarsche, Drückerfisch, Meeräsche, Muränen, Meerbarbe, Schattenfisch und Papageienfisch.

Am Schelf: Meeraale, Wrackbarsche, Alsen und Seequappen, unter vielen andere Arten.

Muräne, umgeben von sog. Alfonsitos

Atlantischer Zügeldelfin

Auf hoher See: Seenadeln, Flugfische, Goldbrassen, Blaubarsche, Schwertfische und Sardinen.

Auch die Schalentiere sind reichlich vertreten: Die bekanntesten Krebse sind *Centollos* oder Seespinnen, die mit Reusen in geringer Tiefe gefischt werden; rote und weiße Krebse, die wegen ihres exquisiten Geschmacks sehr begehrt sind, und die man nachts, bei Neumond und bei Ebbe mit der Hand fängt; und die ganz kleinen Krebse, die als Köder für die *Vieja* und andere Fische dienen, die man bei Ebbe unter Steinen in der Brandung findet. Die Garnelen (*Camarones*) sind aufgrund ihres großen Vorkommens bedeutsam. Sie werden während ihrer Wanderung in speziellen Reusen in tieferen Gewässern bis fast nahe an der Wasseroberfläche gefischt.

In den Höhlen auf der Nordseite fängt man viele Hummer, die hier *Bogavantes* genannt werden. In den unwirtlichen Wassern des Nordens, wo sich die See an den Klippen bricht, gibt es viele Entenmuscheln, die hier von den Einheimischen Ziegenfuß, genannt werden.

Im Umkreis von Lanzarote sind die am häufigsten, vertretenen Weichtiere die Miesmuscheln, die sogenannten *Burgaos* und *Canaillas* und die Napfschnecken.

Unter den Steinen in Ufernähe finden man auch Venusmuscheln, die von den Fischern *Orejas de mar* (Meeresohren) genannt werden. Daneben gibt es eine Unzahl von Meeresschnecken und Muscheln mit großen Gehäusen. Unter den Kopffüsslern dominieren Oktopusse, Kalamaren und andere kleinere Tintenfische.

Auf hoher See sieht man oft Karettschildkröten und die großen Lederschildkröten. Meeressäuger sind bei der Insel durch Delfine wie dem kurzschnäuzigen, gemeinen Delfin, dem Streifendelfin, dem atlantischen Zügeldelfin - und durch einige Walarten wie dem Grind- und dem Brydewal vertreten.

Besondere Erwähnung verdienen einige wirbellose Meerestiere, die in den Meereslagunen der Jameos del Agua und Los Lagos vorkommen. Die letzten Untersuchungen haben ergeben, dass

Klippenkrabbe

es es hier mehr als 30 Arten gibt, von denen die Hälfte der Wissenschaft bis dato vollkommen unbekannt war. Unter ihnen ist auch der berühmte blinde Krebs, der *Jameíto*, der zu einem Symbol für Lanzarote geworden ist.

Fischerei. Zum Wohl der Insel und seiner Einwohner muss der Reichtum an Fischen und Meeresfrüchten geschützt und respektiert werden. Zu diesem Zweck geben wir hier auszugsweise die Bestimmungen der kanarischen Regierung für das Fischen und Sammeln von Meeresfrüchten wieder.

Ernten von Miesmuscheln. Die Mindestgröße, gemessen an der Längsachse, wird auf 7 cm festgelegt. Aufgrund des übermäßigen Fangs, werden die Schonzeiten je nach Bedarf verlängert, um die Erholung der Spezie zu sichern. Bevor Sie Miesmuscheln oder Napfschnecken ernten, raten wir daher, sich ausführlich zu informieren.

Fischen mit Taucherausrüstung. Verboten bei Nacht, mit Flaschen, mit Antriebsgeräten und mit Waffen, die eine elektrische, elektronische oder explosive Spitze haben. Ebenfalls verboten ist jegliches Auslegen von Netzen, Reusen oder anderen Vorrichtungen. Maximal dürfen 5 kg pro Person bzw. 25 kg pro Gruppe mit mehr als 5 Personen gefischt werden. Diese Art von Fischen muss in einem Mindestabstand von 250 m von jeglicher Person, auch von Anglern an der Küste, ausgeübt werden. Gebiete, in denen das Unterwasserfischen erlaubt ist:

- Von Punta Pasito bis Punta Ancones
- Von Punta Tiñosa bis Punta Papagayo
- Von Punta del Jurado bis Punta Gaviota

Angeln. Mehr als drei Haken pro Angel, Leine oder Sonstigem und das Benutzen von mehr als 2 Geräten pro Angler sowie das Versenken von Netzen, Reusen, Fallen und ähnlichen Vorrichtungen ist verboten. Maximal dürfen 4 kg pro Person oder 16 kg pro Gruppe mit mehr als 4 Personen geangelt werden.

Hochseeangeln. Der Mindestabstand zwischen professionellen Fischerbooten beträgt eine halbe Seemeile und die maximale Fangzahl liegt bei drei Stück pro Kopf und Tag (ohne Kg-Begrenzung).

Bei allen drei vorher genannten Disziplinen darf der Fang nur für den Eigenverbrauch sein und keinesfalls zum Verkauf angeboten werden. Dem Sportfischer ist es untersagt, zwischen den Inseln mehr als 10 kg Fisch zu transportieren. Für das Ausüben des Sportangelns muss eine Lizenz bei der Fischereiverwaltung (Dirección General de Pesca) beantragt werden.

Fischerboote in Puerto Naos.

Die Fischer der Insel sind in drei Innungen oder Bruderschaften (Cofradía) organisiert:

- Cofradía de San Ginés, Arrecife. Der Bereich dieser Bruderschaft beinhaltet die Häfen und Anlegestellen von Arrieta, Punta Mujeres, Órzola, La Caleta de Famara, La Santa und Puerto del Carmen sowie die Ankerplätze von Charco de San Ginés und Juan Rejón in Arrecife.

-Cofradía de La Graciosa. Caleta del Sebo.

- Cofradía de Playa Blanca. Playa Blanca

Auf Lanzarote wird hauptsächlich die handwerkliche Fischerei betrieben, die Flotte besteht aus Booten und Schaluppen und üblicherweise einer Zwei-Mann Besatzung. Der Arbeitstag überschreitet normalerweise nicht die 24 Stunden und danach werden die Boote je nach Wetterlage festgemacht oder geankert. Praktisch alle Arbeiten werden mit Muskelkraft verrichtet. Nur einige wenige Boote haben rudimentäre Maschinen, die dabei helfen, die Reusen an Deck zu hieven.

In der ersten Hälfte dieses Jahrhunderts entwickelte sich in Arrecife eine Fischereiflotte, die vor der kanarisch-saharianischen Küste fischte. Diese noch heute bestehende Flotte, verhalf der Inselhauptstadt, zusammen mit der weiterverarbeitenden und heutzutage nicht mehr üblichen Einsalzungsindustrie, zu einem bedeutenden Aufschwung. Diese Industrie - und später die Konservenfabriken - zogen Bauern vom Land in die Stadt. Dieser Prozess war die bedeutendste wirtschaftliche Entwicklung, bevor der Tourismus nach Lanzarote kam.

Das Einsalzen der Fische wurde schon an Bord mit eher archaischen Mitteln vorgenommen. Die Fische wurden ausgenommen, gewaschen, gesalzen und gestapelt.

Im Folgenden eine kleine Aufzählung von Fischereimethoden und den dabei benutzten Geräten, beginnend bei den einfachsten:

- Die älteste Technik, die die Ureinwohner benutzten, bestand darin die Fische zu betäuben, indem man den Saft der Balsam-Wolfsmilch (die dazu zerstampft wurde) in die Tümpel schüttete. Dann „erntete" man die betäubten Weißbrassen, Gelbstriemen … . Die Fische, die man nicht sofort konsumierte, wurden getrocknet oder eingesalzen und dann später verkauft.

- Die Treibjagd auf Delfine. Die Delfine wurden mit Stockschlägen und Steinwürfen hinter das Riff von Arrecife getrieben und dann im flachen Wasser harpuniert.

Diese beiden Techniken wurden schon vor langer Zeit völlig aufgegeben.

- Die sog. Fija. Es handelt sich hier um eine Lanze aus Eisen oder Stahl mit einer oder mehreren Spitzen, mit der man die Oktopusse in den Tümpeln, die sich bei Ebbe bilden, aufspießt.

- Die sog. Gueldera oder Taralla ist ein großes, tütenförmiges Netz aus Stoff oder Metall, das mit vier Stricken an einer starken und resistenten Angel befestigt wird. Mit ihm fängt man Köderfische wie Gelbstriemen, Makrelen und kleine Sardinenarten. Man fischt von einem Boot aus.

- Die Reuse. Sie wird aus Eisenstangen und Metallnetzen gefertigt. Sie sind rund und die Größe ist je nach Verwendungszweck unterschiedlich. Normalerweise haben sie zwei Öffnungen oder Münder und ein Türchen, um den gefangenen Fisch herauszuholen. Sie kamen in verschiedenen Tiefen und Meeresböden zum Einsatz. Heutzutage ist die Verwendung von Reusen aufgrund der Schäden die sie anrichten verboten.

- Der sog. Chinchorro. Es handelt sich hier um eine Art Schleppnetz mit zwei Bändern und einem Netz in der Mitte, das vom Ufer aus oder von Booten in Ufernähe benutzt wird. Mit ihm fängt man viele unterschiedliche Arten von geringer Größe: Gelbstriemen, Makrelen, Sardinen, Meerbarben, Graubarsche… Auch diese Fangart ist, wie die anderen Schleppfangarten, untersagt.

- Fischen von weißen Thunfischen. Man fischt bei Tage, in großer Entfernung zur Küste, an den unterseeischen Abhängen der Inselplattform. Die Boote ankern oder treiben in der Strömung, je nach Gezeiten und Strömungen. Man benutzt gelackte Seile von verschiedener Stärke, die am Ende einen sogenannten Arganero haben - ein zwei Armspannen langes, geflochtenes Stahlseil mit einem fast geraden Haken. Meist werden zwei oder drei Seile mit lebenden Ködern gleichzeitig ausgelegt. Wenn an einem Seil angebissen wird, werden die anderen

Goldstriemen beim Lufttrocknen

eingezogen, um ein Verknoten zu vermeiden. Je nach Größe der Beute kann der anschließende Kampf sehr lange dauern bei mehreren hundert Kilo bis zu zwei Stunden. Wenn Arten wie *Bonitos* oder weiße Thunfische unter zwanzig Kilo auftauchen, werden Angeln mit starkem Stiel hervorgeholt.

- Die Jagd auf den Wrackbarsch –dem *Cherne* - ist eine der schwersten Arten des Fischens und verlangt große Geschicklichkeit und viel Erfahrung. Gefischt wird an der Inselplattform auf Tiefen zwischen 400 und 800 m mit einem starken, glatten Draht, der das Anbeißen schnell und in seiner ganzen Stärke überträgt. An seinem Ende hängt die sog. *Cobrada*, ein anderthalb Armspannen langes Nylonseil, an dem mehrere große Haken festgemacht sind, das Eisen oder Bleigewicht - auch *chumbo* genannt - wird an der Spitze befestigt. Bei den Fischern von Lanzarote ist eine Armspanne der Abstand, der zwischen zwei ausgebreiteten Armen besteht. Als Köder benutzt man frische Gelbstriemen oder Makrelen. An jedem Haken werden drei oder vier angebracht, indem man den Haken durch die Augen schiebt. Wie der Name schon sagt, gilt diese Art des Fischens dem *Cherne*, der ein Gewicht von 90 Kilo erreicht. Gefangen werden aber auch Driftfische, Seehechte und Tiefseehaie.

- Das Fischen bei den Steinen. „Steine" werden die Punkte des Meeresbodens genannt, wo sich viele Fische ansammeln und wo das Fischen meist ergiebig ist. Es wird entweder mit treibendem oder mit geankertem Boot gefischt. Gefischt wird mit der *Cordel*, das heißt mit einem mehr oder weniger dicken Nylonseil (*Tanza*), an dessen Ende mehrere Haken und ein Blei- oder Metallgewicht hängen. Mit dem geankerten Boot fängt man normalerweise Sackbrasse, Rotbandbrasse, Zackenbarsche und andere Fische, die sich von Meeresfrüchten ernähren. Nachts fängt man vor allem Meeraale, Lanzenfische und ähnliche. Gefischt wird mit weißen Ködern (kleine Tintenfische und Kalamaren) oder mit Sardinen, Gelbstriemen, Makrelen o. ä. Mit dem treibenden Boot fängt man vor allem Königssägebarsch und nachts Graubarsche.

- Der sogenannte *Palangre*. Grundsätzlich handelt es sich hier um ein Seil, das „Mutterseil", an dem im gleichen Abstand Nylonseile mit Haken hängen. An den Enden des Mutterseils, auch Kopfenden oder *Cabeceras* genannt, sind jeweils Bojen und Aufhängungen angebracht, die das Auslegen und Einholen des *Palangre* ermöglichen. Gefangen werden Sackbrasse, Zahnbrassen, Glatthaie und große Barsche. In der Regel wird mit dem *Palangre* nachts und mit kleinen Tintenfischen als Köder gefischt, denn nachts kommen die großen Brassenarten in die Nähe des Schelfs, um Nahrung zu suchen. Der *Palangre* wird zwischen zwei und

Fischerkai in La Santa

sechs Stunden ausgelegt. Die Haken sind ziemlich klein und gerade, was bewirkt, dass die Fische die Haken verschlucken und nicht mehr loskommen. Bei Morgengrauen wird der *Palangre* eingeholt. Außer den vorher erwähnten Arten findet man oft auch Rochen und Stachelrochen an den Haken. Es wird überlicherweise bis zu 100 m Tiefe gefischt.

-Das Angeln nach dem Papageienfisch (*Vieja*). Man angelt mit kleinen Booten ohne Motor und in sehr geringer Tiefe (man sieht den Meeresboden). Die Angel ist an der Spitze mit einem Stück Bocksleder versehen, was die Sensibilität erhöht. Als Köder benutzt man einen kleinen Krebs, der den Namen Viejaköder trägt oder einen sogenannten *Juyón*, einen etwas größeren Krebs.

Die Jagd. Ebenso wie für das Fischen möchten wir hier die Vorschriften des Regionalen Jagdkomitees festhalten:

Die Jagdzeiten werden jedes Jahr den Bedingungen entsprechend für die verschiedenen Arten festgelegt. Wir empfehlen diese Zeiten beim Jagdverein oder der Behörde für Umweltschutz zu erfragen.

Folgende Arten dürfen gejagt werden: Rothuhn, nordafrikanisches Rebhuhn, Wachteln, Turteltauben, Felsentauben und Kaninchen.

Es ist verboten, mit Luftgewehren, 22-mm-Gewehren mit rundem Schlagbolzen und Waffen, die mehr als 2 Patronen im Magazin haben können, zu jagen. Verboten ist der Besitz und der Gebrauch von grobem Flintenschrot. Gemeint sind Projektile, die 2,5 g oder mehr wiegen. Ebenfalls verboten sind der Besitz oder Gebrauch von Lockmitteln wie Tonbandaufnahmen von Tierstimmen, lebende Locktiere, die geblendet oder verstümmelt wurden

Türkentaube

und die Lockpfeife für Rebhühner. Die Falknerei ist ebenfalls untersagt.

Jagen in Feuchtgebieten (Tümpel, Stauseen, Salinen, Salzwiesen...) und in einem Umkreis von 50 m ist verboten. Jagen von Fahrzeugen oder Booten aus ist untersagt.

Im Timanfaya-Nationalpark, im wissenschaftlich interessanten Gebiet von Janubio und in der Umgebung der Ferienortes Costa Teguise darf nicht gejagt werden. Auf dem Chinijo-Archipel ist die Jagd nur auf La Graciosa erlaubt und auf dem Risco de Famara, von El Rincón de la Paja bis zur Gemeindegrenze von Gusa, jedoch ohne Gewehr. Die Gebiete von Los Ancones, El Jable und El Rubicón sind Reservate, in denen donnerstags ohne Gewehr gejagt werden darf, allerdings nur mit ausdrücklicher Genehmigung des Umweltreferats der kanarischen Regierung.

Jagen in Schonzeiten sowie der Besitz oder der Verkauf von geschützten Arten werden als schwere Ordnungswidrigkeiten geahndet. Eier oder Kleintiere werden genauso bewertet wie erwachsene, fortpflanzungsfähige Tiere.

Nordafrikanisches Rebhuhn

Kanarenschwarzkehlchen

NATURSCHUTZGEBIETE

Die Kanarischen Inseln gehören zum makaronesischen Archipel. Die klimatischen, geomorphologischen, zoologischen und botanischen Gegebenheiten haben hier außergewöhnliche, natürliche Lebensräume geschaffen. Die Aufsplitterung des Terrains, die Bevölkerungsdichte und die fast ausschließliche Abhängigkeit vom Dienstleistungssektor haben eine Entwicklung mit sich gebracht, die, im Hinblick auf die Erholung der natürlichen Ressourcen, unmöglich so weiter gehen kann.

Die augenblickliche Situation erfordert korrigierende Maßnahmen und vor allem eine einheitliche Umweltgesetzgebung für alle Kanarischen Inseln. Das Gesetz Nr. 12/1994 vom 19. Dezember zur Regelung der natürlichen Räume der Kanarischen Inseln soll das Hauptinstrument für die Schaffung eines großen Paktes zwischen Natur und wirtschaftlicher Entwicklung werden. Dies soll vor allem auf der Basis von Erziehung zum Umweltbewusstsein sowie durch die Definintion konkreter Ziele geschehen. Es gilt zu erreichen, dass im Verwaltungsapparat Umweltfragen bei allen Entscheidungen Vorrang vor anderen Aspekten haben.

Das kanarische Umweltgesetz (Ley de Espacios Naturales de Canarias) regelt den Gebrauch der natürlichen Ressourcen auf dem Archipel, setzt Kategorien für ihren Schutz fest, legt ein neues Verwaltungsmodell und entsprechende Sanktionen für die Nichteinhaltung dieses Gesetzes fest, um so seine Umsetzung in die Praxis und das Erreichen der festgelegten Ziele zu garantieren.

Ziel dieses Gesetzes sind der Schutz, die Erhaltung, die Wiederherstellung und die Verbesserung der natürlichen Ressourcen und der wesentlichen, ökologischen Prozesse sowie die Erhaltung bzw. Wiederherstellung der entsprechenden, natürlichen Landschaften.

Das endgültige Ziel ist die geregelte Nutzung aller natürlichen Ressourcen, um eine nachhaltige Entwicklung zu garantieren, die Integration aller natürlichen Räume, die Schutz oder Verbesserung benötigen, die Förderung von wissenschaftlichen Forschungsprojekten und von ökologischer Erziehung, das Verbessern der Beziehung Mensch/Natur, ohne dass diese Schaden daran nimmt, die Erhöhung der Lebensqualität an Orten mit reger sozio-ökonomischer Tätigkeit und die Wiederherstellung bzw. Verbesserung bestimmter ökologischer Systeme.

Dieses Gesetz gilt für das gesamte Territorium der Inseln, für das Land, das Meer, die Luft, den

Das Mondtal (Valle de la Luna) im Timanfaya-Nationalpark.

Meeresboden und das Erdinnere, im Einklang mit den entsprechenden staatlichen Gesetzen Spaniens. Die Bürger, ebenso wie die öffentlichen Institutionen, müssen diese Bestimmungen respektieren und für angerichteten Schaden aufkommen.

Abhängig von den Werten oder natürlichen Schätzen, die davon betroffen sind, bilden die Schutzgebiete ein Netz, in dem die wichtigsten Lebensräume mit der größten Artenvielfalt vertreten sind. Man teilt sie folgende Kategorien auf:
- Naturparks und Kulturlandschaften
- Integrierte und Besondere Naturreservate
- Naturdenkmäler
- Landschaftsschutzgebiete
- Wissenschaftlich interessante Orte

Naturparks sind jene ausgedehnten Naturlandschaften, die nicht wesentlich durch den Menschen verändert wurden und deren Flora, Fauna und Gea in ihrer Gesamtheit als einzigartige Landschaft angesehen werden.

Kulturlandschaften sind ausgedehnte, natürliche Räume, wo ökologisch interessante Landschaften von landwirtschaftlichen Aktivitäten sowie durch Viehzucht oder Fischerei geprägt sind.

Die **Naturreservate** haben zur Aufgabe, Biotope, Arten oder andere biologische oder geologische Elemente zu schützen, die wegen ihrer Seltenheit, Anfälligkeit, Wichtigkeit oder Einzigartigkeit eine besondere Beachtung verdienen. In diesen Gebieten ist das Mitnehmen von Arten oder Proben biologischen oder geologischen Materials verboten.

Integrierte Naturreservate sind kleinere bis mittlere Gebiete, in denen die Gesamtheit der Elemente sowie aller natürlichen und ökologischen Prozesse bewahrt werden sollen.

Spezielle Naturreservate sind kleinere bis mittlere Gebiete, in denen besondere Biotope, spezielle Arten, besondere geologische Formationen oder natürliche Prozesse von speziellem Interesse geschützt werden sollen.

Naturdenkmäler sind natürliche Gebiete von kleinerem Ausmaß, in denen es Elemente von ganz besonderer Schönheit oder außerordentlicher Seltenheit gibt. Hier sind besonders die geologischen Formationen zu erwähnen, ebenso wie die paläonthologischen Fundstätten oder andere Elemente der Gea, die wegen ihrer Seltenheit, ihrer

landschaftlichen, kulturellen oder wissenschaftlichen Bedeutung ein spezielles Interesse verdienen.

Landschaftsschutzgebiete sind Gegenden mit speziellen ästhetischen oder kulturellen Merkmalen.

Wissenschaftlich interessante Orte sind normalerweise kleinere, abgelegene Gebiete, wo es natürliche Elemente von speziellem wissenschaftlichen Interesse gibt, wie zum Beispiel bedrohte Tier- oder Pflanzenarten, die spezielle Maßnahmen für ihr Überleben benötigen.

Neben dem „Netz der Natürlichen Räume der Kanarischen Inseln" gibt es noch ein Netz von Nationalparks, das vom Ministerium für Landwirtschaft, Fischerei und Ernährung mitverwaltet wird. Nationalparks sind relativ ausgedehnte Räume mit ursprünglichen ökologischen Systemen, die nicht wesentlich durch den Menschen verändert wurden und wo Fauna, Flora und geomorphologische Formationen einen besonderen kulturellen, erzieherischen oder freizeitlichen Wert haben, oder wo es Naturlandschaften von außerordentlicher Schönheit gibt. Die Natürlichen Räume der Insel Lanzarote sind:

Nationalpark Timanfaya. Diese Landschaft wurde am 9. August 1974 zum Nationalpark erklärt. Das Organ, das sich um die Verwaltung kümmert ist das „Patronato del Parque", das den Park im Einklang mit dem „Gesamtplan für den Gebrauch und die Verwaltung" (Plan Rector de Uso y Gestión) leitet. Seine Oberfläche beträgt 5107 ha, sein Durchmesser 30 km und seine maximale Höhe 540 m. Er liegt zwischen den Dörfern Yaiza und Tinajo.

Die Gegend, in der 1730-1736 die letzten Eruptionen stattfanden, ist von weltweitem vulkanologischem Interesse. Hier findet man alle möglichen Arten von Lava, vulkanischer Gebäude und Übereinanderschichtungen. In einem Gebiet von nur wenigen km, findet man mehr als 25 Vulkankrater. Bemerkenswert sind die Unterschiede zu den anderen, jüngeren Eruptionen auf dem Archipel, sowohl was die Dauer als auch die Mengen und die Zusammensetzung der ausgestoßenen Lava angeht.

Obwohl es in der jüngeren Erdgeschichte Vulkanausbrüche mit weitaus größeren Energien und Auswirkungen gegeben hat, so handelt es sich dabei ausschließlich um Ausbrüche mit Explosionscharakter. Was Ausbrüche mit urplötzlichem Charakter angeht,

d. h., Ausbrüche, bei denen riesige Lavamassen durch Erdrisse ausfließen, wird Lanzarote nur durch den Ausbruch von Lakagigar übertroffen, der 1783 in Island stattfand. Allerdings dauerte der Ausbruch hier auf der Insel wesentlich länger.

Diese Basaltmagmaausflüsse fanden vornehmlich entlang eines 14 km langen Risses statt. Die Schlammlawine legte dabei zum Teil erhebliche Strecken zurück. Die Lavamassen des Vulkans Montaña de Las Nueces (neben dem Montaña Colorada) legten bei einem durchschnittlichen Gefälle von nur 2% über 20 km zurück und flossen ca. 300 m nördlich der Festung San José bei Arrecife ins Meer.

Die Ausbrüche von 1824, bei denen die Vulkane Tinguatón, Tao und Chinero (nur letzterer befindet sich im Park von Timanfaya) entstanden, folgten ebenfalls einem Erdriss von 13,5 km Länge, parallel zu den Ausbrüchen von 1730.

Die wichtigsten Strukturen, man sehen kann, und die von hohem vulkanologischem Wert sind, sind wie folgt:

Die sogenannten Öfchen (*Hornitos*): Sekundäre Öffnungen, aus denen Lava und Gase austraten, ohne dass sich größere vulkanische Gebäude bildeten. Meist handelt es sich hier um Teile einer Tunneldecke, die durch Gasdruck geborsten ist. Typisches Beispiel: der „Manto de la Virgen".

Vulkanische Röhren. Sie entstehen dadurch, dass Lavaströme an der Oberfläche erkalten, die Lava und Gase jedoch im Inneren weiterfließen, wodurch sich Hohlräume bilden. Nach Erstarren des Lavaflusses bleibt eine Röhre. Wenn die Decken dieser Röhren durch die entstandenen Materialspannungen einstürzen, entstehen sogenannte *Jameos*.

Lavameere. Durch Lavaschichten bedeckte Gebiete. Sie bestehen aus einem der folgenden Lavatypen: Entweder handelt es sich um sehr flüssige Lava, die beim Erkalten eine rauhe, undurchdringliche Oberfläche bildet und sogenannte *Malpaíses* schafft, oder extrem flüssige Lavamassen, die eine mehr oder weniger glatte Oberfläche hinterlassen, die *Cordadas* genannt werden.

Cinder-Kegel. Vulkanische Gebäude, die in ihrer Gesamtheit von pyroklastischem Material (Eruptivmaterial mit kleinsten Dimensionen, *pyro*=Feuer, *clasto*=Fragment) bedeckt sind. Entanden in der letzten Phase des aktiven Vulkans (Stromboli-Phase).

Je nach Größe lassen sich verschiedene vulkanische Materialien unterscheiden:

Asche. Vulkanischer Staub, der nach dem Ausbruch in der Luft schwebt (< 2 mm).

Lapilli (auch *Rofe*, *Picón* oder *Zahorra* genannt). Ausgeschleudertes Material (2 - 20 mm) welches in

Aufreihung von Binsen, die ein Hinweis auf geothermische Aktivitäten sind

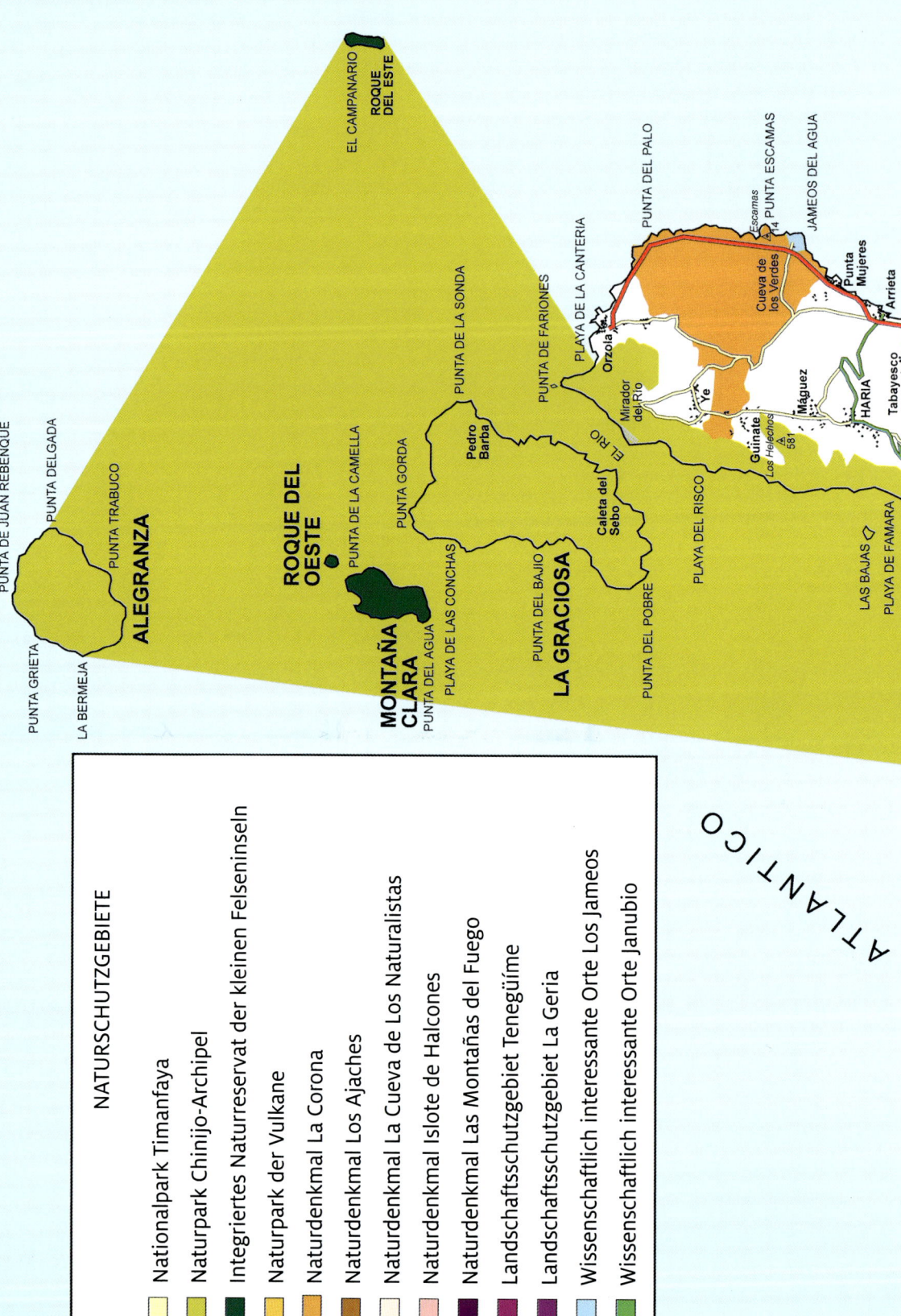

EL CAMPANARIO
ROQUE DEL ESTE

PUNTA DEL PALO

PUNTA ESCAMAS
Escamas
PUNTA ESCAMAS
JAMEOS DEL AGUA

PUNTA DE LA SONDA

Cueva de
los Verdes
Punta
Mujeres
Arrieta

PUNTA DE LA CAMELLA

PUNTA DE FARIONES

PLAYA DE LA CANTERIA

Orzola

PUNTA GORDA

Pedro
Barba

Mirador
del Río
Ye
Máguez
HARIA
Tabayesco

ROQUE DEL OESTE

PUNTA DE LA CAMELLA

Guinate
Los Helechos
581
Chache

EL RIO

PUNTA DE JUAN REBENQUE

PUNTA DELGADA

PUNTA TRABUCO

ALEGRANZA

MONTAÑA CLARA

PUNTA DEL AGUA

PLAYA DE LAS CONCHAS

PLAYA DEL AGUA

Caleta del Sebo

PUNTA DEL BAJIO

LA GRACIOSA

PLAYA DEL RISCO

LAS BAJAS
PLAYA DE FAMARA
BAHIA DE PENEDO

PUNTA GRIETA

LA BERMEJA

PUNTA DEL POBRE

PUNTA GUERRA

ATLANTICO

NATURSCHUTZGEBIETE

- Nationalpark Timanfaya
- Naturpark Chinijo-Archipel
- Integriertes Naturreservat der kleinen Felseninseln
- Naturpark der Vulkane
- Naturdenkmal La Corona
- Naturdenkmal Los Ajaches
- Naturdenkmal La Cueva de Los Naturalistas
- Naturdenkmal Islote de Halcones
- Naturdenkmal Las Montañas del Fuego
- Landschaftsschutzgebiet Tenegüíme
- Landschaftsschutzgebiet La Geria
- Wissenschaftlich interessante Orte Los Jameos
- Wissenschaftlich interessante Orte Janubio

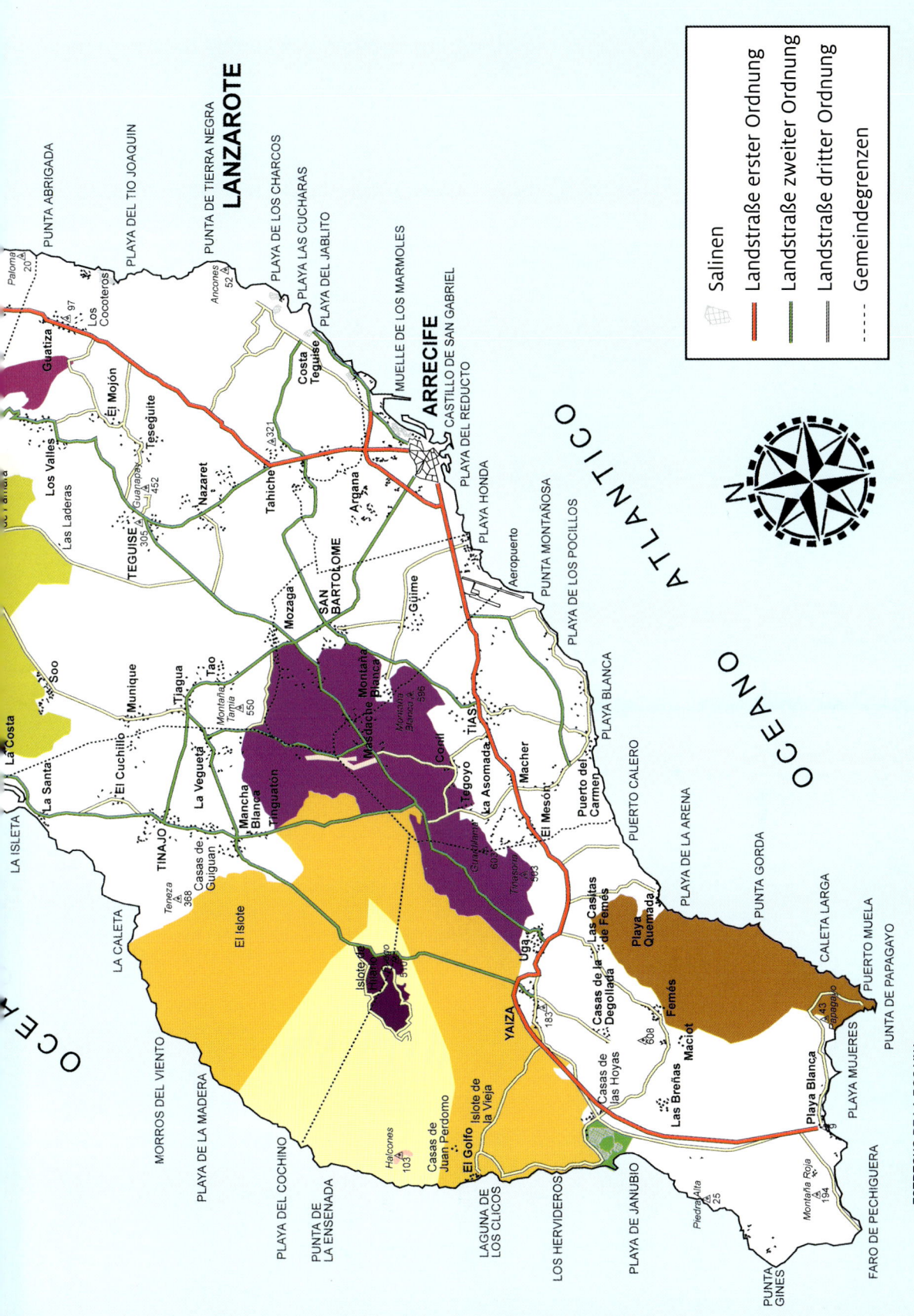

LANZAROTE

ARRECIFE

OCEANO ATLANTICO

OCÉANO ATLÁNTICO

ESTRECHO DE LA BOCAINA

Legend:
- Salinen
- Landstraße erster Ordnung
- Landstraße zweiter Ordnung
- Landstraße dritter Ordnung
- Gemeindegrenzen

N

Das Innere eines Kraters, mit Flechten bewachsen.

Daten der Erution von 1730-36
- *Maximaler Lavafluß: 4,8 x 10⁶ m³/Tag.*
- *Ausfließgeschwindigkeit: 0,27 m/s.*
- *Längste theoretische Reichweite der Lavamassen: 12 km.*
- *Länge der bekannten Lavaflüsse: 5 - 9 km.*
- *Typische Höhe der Vulkankegel: 100 - 200 m.*
- *Mittlere Lebensdauer der Kegel: 10 Tage.*
- *Mittleres Wachstum der Kegel: 10 m³/s.*

der Landwirtschaft wegen seiner wasserspeichernden Fähigkeit genutzt werden.

Schlacke. Weitaus größer als der Lapilli mit unregelmäßigen Formen. Wird zum Bau von Windschutzmauern gebraucht.

Vulkanbombe. Rundliche oder ovale Form, bedingt durch die Drehbewegung beim Austritt oder beim Wegrollen. Normalerweise nahe bei den Kratern.

Gewachsene Kugeln. Riesige Lavakugeln, die ähnlich wie eine Schneekugel beim Abrollen immer dicker wird.

Ein anderes, wichtiges Merkmal dieser vulkanischen Zone sind die thermischen Anomalien. Offensichtlich hängen sie von der Niederschlagstätigkeit ab und können leicht durch die begleitenden Salzablagerungen (Sulfate) identifiziert werden. Ein sicheres Anzeigen für geothermische Anomalien sind Ansammlungen von Schilfgewächsen, den *Juncos*, die kreisförmig um eine thermische Anomalie herumwachsen. Schilf braucht viel Wasser und eine gemässigte Temperatur. Am sogenannten Islote de Hilario herrschen thermische Anomalien, die traditionell als natürliche

Öfen genutzt werden. In 12 m Tiefe herrschen hier mittlere Temperaturen von 600ºC und nahe der Oberfläche kann man bis zu 250ºC messen. Eine Touristenattraktion sind die künstlichen Geysire: wenn man einen Eimer Wasser in die künstlichen Bohrungen schüttet, schießt das Wasser aus den Röhren. Die Temperatur fällt dabei von 300ºC auf 98ºC und braucht 2 Stunden, um die alte Temperatur wieder zu erreichen. Deshalb benutzt man abwechselnd verschiedene Bohrungen. In den natürlichen Öfen liegt die Temperatur bei 160ºC. In einem jedoch (hier wird Dornlattich verbrannt) herrschen 400ºC.

Vom Islote de Hilario aus hat man einen guten Überblick über die Lavafelder der Ausbrüche von 1730-1736 und von 1824 (Volcán Nuevo del Fuego oder Volcán del Chinero) sowie über die aneinandergereihten Vulkankegel Montaña del Fuego, Calderas Quemadas und Montaña Rajada. Dort findet man ebenfalls thermische Anomalien.

Am Montaña Rajada hat man jüngst ebenfalls thermische Anomalien festgestellt, die unter 150ºC liegen und stark schwanken. Das Vulkangebäude besteht aus zwei konzentrischen Kratern, die aus verschiedenen Epochen stammen. Auf dem Grund des ersten Kraters gibt es einen Lavasee, der an der Nordseite übergeflossen ist. Der Aussichtspunkt gewährt freie Sicht auf die Ausrichtung der Vulkankegel entlang zweier geologischer, parallel zueinander verlaufenden Erdrisse. In dem zugehörigen Lavameer gibt es einen 2 km langen Tunnel, der sich mit einem anderen, ebenfalls vom Montaña Rajada kommend, verbindet. Dieser Tunnel ist teilweise eingesackt, wodurch man seinen Verlauf mit dem Auge verfolgen kann. In diesem Lavafeld findet man ebenfalls die zwei erwähnten Arten von Oberflächen: Die ebenmässigen (*Cordadas*) und die rauhen (*Malpaíses*).

Ein anderer Ort, wo man thermische Anomalien findet, die schnurgerade einem Erdriss folgen, ist der sogenannte Taro de los Camelleros.

Linie der Vulkane Caldera Rajada, Montaña Encantada, Pedro Perico. Unten links: Eingesackter vulk. Tunnel.

Der Timanfaya ist der einzige Krater, der irgendeine Aktivität zeigt. Diese lassen sich an den Veränderungen der Vegetationsdecke ablesen, denn diese funktioniert wie ein biologisches Meßgerät. Die starken thermischen Anomalien im gesamten Krater haben ihm den Namen „Feuerberg" eingebracht. Von diesem Berg aus kann man den sogenannten Caldera de los Cuervos oder Caldera del Corazoncillo (Coverfoto) betrachten und im Hintergrund sieht man den 518 m hohen Vulkankomplex des sogenannten Pico Partido, in dem es einen Lavasee und eine große Zahl von Tunneln und Öfchen gibt.

Im Inneren des Timanfaya-Kraters herrscht in 2 Metern Tiefe eine Temperatur von 300°C. Trotz der hohen Temperatur und der Gasaustritte gibt es Flechten an den Hängen des Kraters. Die Flechten, die sehr langsam wachsen und Giftstoffe eliminieren können, reagieren auf die Temperaturschwankungen und die Gasaustritte.

Der Vulkankessel Corazoncillo ist eines der beeindruckendsten vulkanischen Gebäude.

Der trichterförmige Krater ist 137 m tief und hat einen Durchmesser von 400 m. Der Grund des Trichters liegt 33 m tiefer als das Lavafeld, das den Vulkan umgibt.

Die mit pyroklastischem Material bedeckten Hänge beeindrucken durch ihre Farbvielfalt. Dieser Vulkan entstand durch extrem starke Explosionen. Es ist möglich, dass es im Kraterinneren einmal Thermalquellen gab.

Der letzte Vulkan, der in diesem Park entstand, ist der Chinero, von dem aus ein Tunnel bis zur Küste führt.

Der Timanfaya-Nationalpark verfügt über Einrichtungen und Dienstleistungen, die seinen Besuch angenehm und informativ machen. Wenn man sich dem Park von Yaiza her nähert, stößt man zunächst auf die Kamel-Basis, wo es auch

Öfchen mit dem Namen „Umhang der Jungfrau".

ein Steinmuseum und ein Informationsbüro gibt. Außerdem gibt es dort eine Gaststätte und ein Souvenirgeschäft. Alle Einrichtungen sind unterirdisch. Von hier aus kann man eine Besichtigung des südlichen Teils des Nationalparks auf dem Rücken eines Kamels machen. Wenn man die Landstraße weiterfährt, kommt man zum Eingang des Nationalparks und die dahinter liegende Straße führt zu den touristischen Einrichtungen auf dem Islote de Hilario mit Parkplätzen, Restaurant, Bar, Geschäften und Toiletten. Das Personal des Nationalparks erklärt die vorher erwähnten geothermischen Anomalien auf anschauliche Art und Weise. Von hier aus kann man die „Vulkanroute" in Angriff nehmen. Auf einer 14 km langen Strecke fährt man durch die spektakulärsten Gebiete des Parks. Diese Route kann nur in den offiziellen Bussen gemacht werden. Wenn man auf der Landstraße außerhalb des Parks weiter in Richtung Tinajo fährt, kommt man zum Besucher- und Interpretationszentrum von Mancha Blanca. Hier ist der Eintritt frei. Das Zentrum verfügt über eine große Zahl von Informationstafeln, interaktiven Videos, Modellen, wissenschaftlichem Informationsmaterial, eine Bibliothek sowie ein mehrsprachiges, audio-visuelles Programm von ausgezeichneter Qualität.

Eine andere Möglichkeit sind die Lehr-Ausflüge, die man zu Fuß durch den Park machen kann. Hier kann man das Wesen des Parks besser und detaillierter kennenlernen. Es gibt zwei Routen:

Die Route von Tremesana. Sie ist drei Kilometer lang, dauert ca. 2 Stunden und ist nicht beschwerlich. Man erfährt viel über geologische und biologische Gegebenheiten, über Vulkanausbrüche, vulkanische Röhren, Gasblasen, Ausrichtung von Kegeln und Kratern, den Beginn des pflanzlichen Lebens auf den neuen Böden und Anbaugebiete.

Die Küstenroute. Sie ist 9 km lang, dauert ca. 5 Stunden und hat einen mittleren Schwierigkeitsgrad. Sie beginnt am Strand Playa de la Madera und führt am gesamten Küstenstreifen, der zum Park gehört, vorbei. Man kann die Neubildung einer Küste durch Lavaströme (der *Malpaíses* und *Cordadas*) sowie die Neubildung von pflanzlichem und tierischem Leben beobachten. Auf halbem Weg liegt der Strand Playa del Cochino, von wo aus man den Rückweg beginnt. Für diese Route empfiehlt es sich, festes Schuhwerk, Wasser und einen kleinen Imbiss mit sich zu führen. Um die Erhaltung der empfindlichen Landschaft zu garantieren, sollte man einige minimale Verhaltensregeln befolgen: keine Pflanzen-, Tier- oder Steinproben mitnehmen, nicht außerhalb der Wege gehen und keinen Müll oder Zigarettenkippen wegwerfen. Die Ausflüge mit Führer für Gruppen mit maximal acht Personen müssen bei der Verwaltung unter www.gobiernodecanarias.org/

Montaña Rajada

Ausflug auf Dromedaren vom El Echadero de los Camellos.

Geysir und Verbrennen von Dornlattich auf dem Islote de Hilario. Zwei Demonstrationen der Anomalien.

Montaña Clara

Caleta
de Guzmán

Caletones

Punta Gorda

Playa
Lambra

Punta del Hueso

Los Entraderos

Las Hoyas

El Jablito

Montaña Bermeja
○
157

Playa de las Conchas

Lomo del Burro
○
46

**Pedro
Barba**

La
Calder

Hoyas de
Montaña Bermeja

Morros de
Pedro Barba
○
64

Caleta de
Pedro Barba

Los Resbalajes

Morros Negros

○257

Las Agujas
Chicas

Las Agujas
Grandes

Pedro Barba
○
266

Cueva de la Paloma

Hoyo
Cumplido

La Caleta del Aguardien

Punta del Bajío

Llano de la
Mareta

Caleta de Arriba

Montaña del Mojón
○
185

Caleta del Burro

La Vista

Punta del Sordo

Piedra de los Sargos

Llano del Corral

**Caleta
del Sebo**

Caleta del Puerto

Morro de las
Carreras

Jable del
Salado

El Río

Gusa

La
Burrera

Hoya de
la Lagunita

Salinas
del Río

Bahía del Salado

Montaña Amarilla
172 ○

Playa
Francesa

La Playa del Risco

Punta
del Pobre

Playa de
la Cocina

La Graciosa

parquesnacionalesdecanarias/es/Timanfaya/ beantragt werden. Das Büro des Nationalparks: C/ La Mareta, 9. Tinajo. Tel.: 928118035 / 928118049.

Der Naturpark des Chinijo-Archipels.

Er umfasst 9112 Hektar in den Gemeindegebieten von Haría und Teguise. Dieser Park umschließt alle kleineren Inseln im Norden Lanzarotes (La Graciosa, Alegranza, Montaña Clara, Roque del Este und Roque del Oeste) sowie die Westküste des Famara-Massivs und die Ebenen von Lomo Blanco und Costa Blanca. Ebenso gehört das umgebende Meer zu diesem Naturpark. 1986 wurde dieses Gebiet zum ersten Land-Meer-Naturpark Spaniens. Der Zusammenschluss dieser beiden so unterschiedlichen Naturelemente, erklärt sich aus dem hohen landschaftlichen und natürlichen Wert der Zonen, in denen beide Elemente aufeinandertreffen.

Das geologische Alter dieser Region liegt zwischen dem 1. Vulkanischen Zyklus, zu dem Famara gehört und wo starke Erosionsprozesse stattgefunden haben, und dem III. und IV. Vulkanischen Zyklus, in dem einige Punkte in Famara und die kleinen Felseninseln entstanden sind.

Während der Eiszeit bildeten Lanzarote, Fuerteventura und die kleineren Inseln eine Einheit, denn der Meeresspiegel lag wegen der Gletscherbildung erheblich tiefer.

Die Klippen von Famara bilden ein 500 m hohes, 22 km langes und 4 km breites Vorgebirge. Der höchste Punkt, gleichzeitig auch der gesamten Insel, ist der sogenannte Peñas del Chache, mit einer Höhe von 670 m. Dieses große vulkanische Gebilde besteht aus Übereinanderschichtungen von alten Basaltschichten, pyroklastischen Materialien und rötlichen Tonschichten (*almagres*), die aus vulkanischen Ruhephasen stammen. Im nördlichen Teil der Klippen gibt es einen erstarrten Lavafluß,

der sich über den Rand ergossen hat und aus einer prähistorischen Eruption des Vulkanes La Corona stammt. Im südwestlichen und nordwestlichen Teil des Gebirges gibt es ausgedehnte Ebenen, die von steilen Klippen, die ins Meer abfallen, durchzogen sind.

Famara ist aufgrund seines botanischen Reichtums nicht nur inselweit wichtig sondern auch von weltweiter Bedeutung. Auf 6% des Inselgebietes findet man 75% aller Endemismen von Lanzarote. Von den 291 Arten sind 19 Arten endemisch auf der Insel (davon 14 nur in Famara), 21 auf den östlichen Inseln, 24 auf den Kanarischen Inseln und 11 auf Makaronesien.

Die kleineren Inseln haben eine unterseeische Plattform von durchschnittlich 100 m Tiefe.

La Graciosa hat eine Oberfläche von 27 km², Alegranza 11,7 km², Montaña Clara 1,12 km², der Roque del Este 0,71 km² und der Roque del Oeste 0,06 km².

In der Geomorphologie dieser Inseln sind vor allem die Vulkane Alegranza und Montaña Clara und der phreatomagmatische (wenn Lava in Kontakt mit externen Wasser tritt) Vulkan Montaña

Bucht los Arcos. La Graciosa

Playa de La Cocina, am Fuß des Montaña Amarilla.

Amarilla zu erwähnen, letzterer vor allem aufgrund der Farbenvielfalt seiner inneren Struktur, die von der Erosion freigelegt wurde.

La Graciosa liegt etwas weniger als 1 km von Lanzarote entfernt. Die Meerenge, die dazwischen liegt, hat den Namen El Río und eine durchschnittliche Tiefe von 10 m. Fast die ganze Insel ist eine Ebene, die nur wenige Meter über dem Meer liegt. Aus ihr ragen mehrere Kegel aus pyroklastischem Material heraus: Montaña Bermeja mit 167 m im Norden, Montaña Amarilla mit 172 m im Süden und mehr zum Zentrum hin Montaña del Mojón mit 182 m und die Gruppe Pedro Barba, die mit 266 m den höchsten Punkt der Insel bildet. Zwischen den Erhebungen gibt es Senken, in denen sich eine dünne Schicht Tonerde angesammelt hat, die der Wind von der Nordostküste herangetragen hat.

Die Küste der Insel ist von Stränden übersät: Im Süden die Bucht Bahía del Salado, der Caletón del Marrajo und der beeindruckende Strand Playa de La Cocina am Fuß des Montaña Amarilla. Im Norden die Playa Lambra und die Playa de las Conchas, wahrscheinlich der schönste Strand des ganzen Naturparks und der Insel.

In der Nähe von Montaña Bermeja, ebenso wie im Süden von Pedro Barba gibt es ausgedehnte Dünenfelder, die eine einzigartige Vegetation beherbergen: In den Dünen findet man v.a. Salzhafer (Traganum moquinii), ebenso wie die sog. *Juncias*. Ein typisches Kennzeichen für beweglichen Sand sind auch verschiedene Arten von Sennessträuchern, die einen gewissen Artenreichtum aufweisen. Außerdem gibt es auf La Graciosa einige Endemiten wie die sogenannte *Giralda de Risco*, den Lanzarote Hornklee und einige Spargelarten. Die Insel hat auch einen eigenen Endemismus, die sogenannte *Flor mala* (schlechte Blume), die auch *Florón* genannt wird.

Im Norden von La Graciosa liegt die kleinere Insel Montaña Clara, ein vulkanisches, 251 Meter hohes Gebilde. Geomorphologisch bemerkenswert ist ein nach Norden hin offener Kessel, der vom Meer umspült wird, die im Westen bis zu 200 m hohen Klippen, die rötlichen Felsen und die Pyroklasten - wo das Meer Höhlen und natürliche Becken schuf - und die südlich gelegene kleine Ebene. Die Vegetation verdient besondere Aufmerksamkeit, denn neben einem eigenen Endemismus findet man hier die größte Zahl von makaronesischen und lanzarotenischen Endemismen (Lanzarote Hornklee, Hauswurzen, Burchards Fliegenblume etc.). Der Zustand dieser ursprünglichen Vegetation wurde durch eingeführte Pflanzen kaum beeinträchtigt.

Das Kap Punta Fariones und die Klippen von Famara, gesehen von der Insel La Graciosa.

Montaña Clara und die Felseninsel Roque del Oeste.

Alegranza bildet den nördlichsten Punkt des kanarischen Archipels. Besonders erwähnenswert ist sein 289 m hoher Vulkan, der einfach La Caldera (der Krater) genannt wird und nahezu ein Drittel der Insel ausmacht. Der Krater ist 250 m tief und verfügt über einen Durchmesser von 1200 m. Seine Innenwände fallen steil ab, auf dem Grund des Kraters gibt es Zeichen einer einstigen landwirtschaftlichen Nutzung; einen Wasserspeicher.

Ein weiterer, bemerkenswerter Ort ist die Höhle Cueva del Jameo im Süden des Kraters, die 200 m weit hineingeht. Der Rest der Insel ist eine Plattform mit einigen stark erodierten Kegeln und kleinen Tonbecken.

Mit Ausnahme der Nordseite des Vulkans ist die Vegetation, ähnlich wie auf La Graciosa, stark im Rückgang begriffen. Die Existenz von Ziegen und Kaninchen bedroht diese seltenen Pflanzenarten sehr stark.

Der Dornlattich und die Wolfsmilch wachsen hier in rauhen Mengen unter den Endemiten sind der Hauswurz und der *Taginaste blanco* hervorzuheben. Die Insel hat auch einen eigenen

Alegranza

Roter Strand von El Caletón. Alegranza.

Endemismus, den sogenannten Knoblauch von Alegranza, den es nur hier gibt.

Der Roque del Oeste - ein Zeuge schwarzen Lavagesteins in fortgeschrittenen Zustand der Erosion - erhebt sich 40 m aus dem Meer.

Der Roque del Este liegt 11 km östlich von Lanzarote. Ein Überbleibsel eines pyroklastischen Doppelkegels von rötlicher Farbe, der durch das Meer und Witterungseinflüsse stark erodiert ist. Ein unterseeischer, vulkanischer Tunnel durchzieht die ganze Insel.

Die Vogelwelt des gesamten Naturparks ist sehr artenreich und stützt sich auf mehrere Faktoren. Die geographische Lage des Parks spielt eine wesentliche Rolle, denn er liegt in einem kalten Arm

Höhle des Jameo. Alegranza.

des Golfstroms, der, hinsichtlich seinen Reichtums an Nährstoffen, zu den wichtigsten der Welt gehört. Vor allem auf den kleinen Inseln, finden Seevögel, darunter 10 Arten, die vom Aussterben bedroht sind, einen idealen Platz zum Nisten. Auch ziehen hier viele Zugvögel aus ganz Europa vorbei. Obwohl mit der Ankunft des Menschen viele Vogelkolonien stark dezimiert wurden, gibt es hier noch sehr viele Sturmtaucher (*Pardelas*) - wahrscheinlich die größte Anzahl auf den Kanaren. Zuerst jagte man sie, um neben Fisch und Meeresfrüchten auch Geflügel auf den Tisch zu bekommen. Anfang des Jahrhunderts begann man, sie massiv wegen ihres Öls zu jagen. So kam es, dass in manchen Jahren bis zu 12 000 Sturmtaucher erlegt wurden. Diese Massaker gingen weiter bis vor einigen Jahren, was die Anzahl der Exemplare auf ein alarmierendes Niveau gedrückt hat. Heutzutage gibt es noch ca. 2000 Sturmtaucher-Pärchen im Park.

Zu den seltenen Arten, die hier nisten, zählt auch der Bulwer Sturmvogel, die gemeine Sturmschwalbe und die Madeira-Sturmschwalbe. Neben der allgegenwärtigen Möwe findet man an den Küsten auch Stelzvögel wie den Seidenreiher und Regenbrachvögel. Bei den Raubvögeln ist vor allem der Fischadler (*Guincho*) zu erwähnen, dessen Präsenz auf der ganzen Welt immer seltener wird.

Die Felseninsel Roque del Este.

Die Hälfte aller Exemplare, die auf den Kanarischen Inseln leben, findet man hier im Park. Ehenso ist hier eine weitere und äußerst seltene Raubvogelart zu finden, der Eleonorenfalke.

Die Ebenen von Soo sind reich an Steppenvögeln, wie z. B. Kragentrappen, Rennvögel und Kalanderlerchen. Wirbeltiere gibt es überall im Park. Hervorzuheben sind die endemischen kanarischen Reptilienarten wie die große atlantische Echse und der kleine kanarische Mauergecko, der definitiv vom Aussterben bedroht ist. Säugetiere gibt es wenige. Endemisch ist die kanarische Spitzmaus, auf der Insel Montaña Clara. Sie stellt die letzte Säugetierspezies dar, die auf der Welt entdeckt wurde.

Obwohl die menschlichen Ansiedlungen im Park sich auf Caleta del Sebo, Pedro Barba (La Graciosa) und die Siedlung von Famara (Lanzarote) beschränken, wird der demographische Druck, vor allem im Sommer, immer stärker.

Ein pittoresker Ort innerhalb des Parks sind die Salinen del Río. Es handelt es sich hierbei um die ältesten auf den Kanarischen Inseln, die seinerzeit vom ersten Lehensherren von Lanzarote, Sancho Herrera, in Auftrag gegeben wurden. Diese Salinen sind relativ leicht mit einem kleinen Boot von Caleta de Famara, Órzola oder Caleta del Sebo aus zu erreichen. Man kann aber auch zu Fuß über einen Weg, der das Tal von Guinate mit Vega Chica (bei der Ortschaft Ye) verbindet, dorthin gelangen.

Integriertes Naturreservat der Felseninseln.

Es umfasst 165,2 Hektar und gehört zum Gemeindegebiet von Teguise. Die Grenze bildet die Linie, die bei Ebbe die Inseln Montaña Clara, Roque del Este und Roque del Oeste

umschließt. Die erwähnten Inseln wurden schon im vorherigen Kapitel beschrieben. Ihr Status als Naturreservat verleiht ihnen einen noch größeren Schutz. Die integrierten Naturreservate schützen sämtliche biotische und nichtbiotische Elemente sowie alle natürlichen, ökologischen Prozesse, die in ihnen ablaufen.

Naturpark der Vulkane.

Er hat eine Ausdehnung von 10 158,4 ha und liegt in den Gemeindegebieten von Tinajo, Yaiza und Tías.

Dieser Park umgibt den gesamten Nationalpark von Timanfaya und ist mehrheitlich von Lavafeldern und Vulkanen bedeckt, die von den Ausbrüchen der Jahre 1730-36 stammen. Nur einige *Islotes* - alte Vulkankegel die von neuer Lava eingeschlossen wurden - sind älter oder stammen vom Ausbruch in 1824.

Einer der signifikantesten Vulkane dieses Parks ist der Caldera Blanca. Er stammt aus der III. Serie, hat eine helle Farbe und ist einer der wenigen *Islotes*, die es im Park gibt. Der Grund des Kraters liegt 149 m über dem Meeresspiegel und der höchste Punkt des Kraterrandes liegt auf 458 m,

Die vulkanische Bucht El Golfo.

Der Strandsee Laguna de los Clicos in der Bucht El Golfo.

Der Vulkan Montaña de las Lapas oder auch del Cuervo genannt.

Los Hervideros

das heißt, er ist 309 m tief. Die kreisrunde Basis hat einen Durchmesser von fast 2 Kilometern.

Östlich davon liegen die Vulkane Pico Partido I und II. Es handelt sich hier um einen Zwillingsvulkan, der 518 und 502 m Höhe erreicht. Man kann mit ziemlich großer Sicherheit sagen, daß die Eruptionen von 1730-36 in diesem Sektor begannen. Diese Vulkane explodierten später, wovon die großen Lavabrocken an ihren Hängen zeugen.

In den wenigen schriftlichen Dokumenten aus den Jahren 1730-36 ist mehrmals die Rede von einer unterseeischen, vulkanischen Aktivität. Nur der Vulkan Montaña de El Golfo zeigt hydrovulkanische Merkmale. Heutzutage ist nur noch ein Teil dieses Vulkans sichtbar, denn ein großer Teil wurde vom Meer erodiert. Diese Tatsache macht es schwierig, seine ursprüngliche Form zu rekonstruieren. Wahrscheinlich gab es hier mehrere, dicht beieinanderliegende Emissionszentren. Im Inneren des halbrunden Kraters liegt die intensivgrüne Lagune Los Clicos, deren Farbe von der hohen Algenkonzentration im Wasser herrührt. Dieser Vulkan, zusammen mit dem Tinguatón (1824), ist das einzige Beispiel von echtem Explosionsvulkanismus auf der Insel.

Gegen Ende des Ausbruchs haben große Wasserfontänen das Inselgebäude geschliffen und verbreitert die gegenwärtigen Ränder liegen kaum 30 m hoch und im Inneren befinden sich über 100 m tiefe Löcher. Wahrscheinlich hat das ausgestoßene Wasser bewirkt, dass diese Kanäle bis in große Tiefen offen geblieben sind.

Einige vulkanische Tunnel von 1730-36 erreichten die Westküste, wo sie vom Meer abgeschnitten wurden und nun offen liegen. Der Abstand zwischen ihnen entspricht mehr oder weniger ihrem Durchmesser.

Die vorherrschende Vegetation im Park sind die Flechten, die mit ca. 100 Arten vertreten sind. In den Gebieten, wo sich etwas Boden gebildet hat, gibt es wilde Geranien sowie einheimische Arten von Steinklee und *Bejeques*. In den Gegenden, wo der Mensch eingegriffen hat, wachsen Weinreben und einige verstreute Feigenbäume.

Die wenigen wirbellosen Tiere, wie zum Beispiel die einheimischen Käfer, ernähren sich von abgelagerten Mikroorganismen. Die Vogelwelt gleicht der bereits beschriebenen.

Das Naturdenkmal La Corona. Es umfasst 1792 Hektar im Gemeindegebiet von Haría.

Die Eruptionsprozesse, die vor 3000-5000 Jahren im Norden der Insel stattfanden, entsprechen

Lavafelder und Vulkan La Corona.

einigen wenigen Emissionszentren, die sich auf einer Länge von 5 km entlang eines Erdrisses aneinanderreihen. Sowohl die Art der Eruptionen als auch die chemische Zusammensetzung der Lavamassen (Peridot-Basalt) sind typisch für die Kanarischen Inseln.

Diese Eruptionen hatten normalerweise zwei Öffnungen: eine, aus der die Lava austrat und eine zweite, aus der Gase, Asche, Gesteinsbrocken und andere Materialien herausgeschleudert wurden.

Der Vulkan La Corona wuchs aus der Plattform von Guatifay, bis er eine Höhe von knapp über 200 m erreichte. Er krönt die Klippen von Famara, mit denen zusammen er eine Höhe von 609 m erreicht. An der Basis hat er einen Durchmesser von 1100 m, an der oberen Öffnung 450 m. Die Basis des Kraterinneren liegt 190 m unter dem Rand. Die Aktivität dieses Vulkans hat das Relief der Insel entscheidend verändert. Von ihm flossen Lavaströme in verschiedene Richtungen und wahrscheinlich gehörten seine Ausbrüche zu den spektakulärsten von Lanzarote. Der Krater besteht aus Asche und erstarrter, halbflüssiger Lava, die bei den zahlreichen, wahrscheinlich mittelmäßig starken Explosionen, ausgeschleudert wurden. Im Norden überwiegt die Lava in Form von Blöcken. Einer der Lavaströme floss über den Rand der Klippen von Famara und

ergoss sich 400 m in die Tiefe. Auf der Ostseite hat die Lava das Meer 2500 m zurückgedrängt und die Inseloberfläche zwischen Órzola und Puerto de Arrieta um 30 km² vergrößert. Dieses Gebiet trägt den Namen Malpaís de La Corona.

Die Materialien, die unter den Lavaströmen lagen, schmolzen durch die Hitze und nachdem sich die oberste Schicht verhärtete, bildeten sich vulkanische Tunnel. Einer dieser Tunnel ist 7 km lang und reicht vom Volcán de La Corona bis 2 km unter das Meer. Vulkanische Röhren oder Tunnel sind keine Seltenheit auf den Kanarischen Inseln, jedoch sind sie auf Lanzarote außergewöhnlich groß (Cueva de Los Naturalistas, Cueva de Los Verdes). Es gibt auf der ganzen Welt keine vulkanischen Tunnel, die sich mit denen auf Lanzarote messen können. Basalt hat einen Wärmeleitungskoeffizient und eine spezifische Wärme, die es erlauben, dass flüssiges Material unter schon erstarrten Oberflächen weiterfließt, was diese wiederum am zu schnellen Erkalten hindert.

Die Höhle Cueva de Los Verdes ist solch ein vulkanischer Tunnel, der auf 1 km Länge für Besucher hergerichtet wurde. Hier kann man den ursprünglichen Lavafluss sehr gut nachvollziehen. An manchen Stellen gibt es bis zu drei übereinander liegende Tunnelröhren, die vertikal miteinander verbunden sind und eine Höhe von 50 m bei einer

Cueva de los Verdes

Breite von 15 m erreichen. Ein Teil der Höhle wird als Konferenzraum und als Konzertsaal mit bis zu 500 Stühlen benutzt. Die akustischen Merkmale dieses Höhlenteils sind außergewöhnlich. Die natürliche Ventilation ist angenehm und die Temperatur liegt konstant bei 19°C. Außer den spektakulären Formen und Strukturen im Inneren der Höhle (Lavakanäle, mitgeschleifte Blöcke, „Stalaktiten" aus Lava, Salzablagerungen, Farbschattierungen ...) ist es sehr interessant, die verschiedenen Formen der Erosion an den Wänden, die kleinen, unabhängigen Lavaflüsschen und die unterschiedliche Struktur der verschiedenen Lavaarten zu beobachten. Interessant ist außerdem ein Vergleich der erstarrten Materialien im Inneren der Höhle mit den Materialien, die draußen, unter freiem Himmel zu finden sind.

Unter ästhetischen Gesichtspunkten interessant ist die Farbenvielfalt an den Höhlenwänden und -decken. Die starken rötlichen Färbungen ergeben sich aus der Oxidation des im Basalt enthaltenen Eisens. Die restlichen Farben ergeben sich aus den Salzen, die beim Verdunsten des eingesickerten Wassers zurückbleiben. In früheren Zeiten diente die Höhle den Bewohnern der Insel als Zufluchtsort vor den zahlreichen Piratenangriffen.

Auch die Jameos (vulk. Höhlen mit eingestürzten Decken) sind bemerkenswert in diesem Lavafeld.

Zu den wichtigsten gehören: Jameo del Agua, Jameo de Los Lagos, Jameo de Los Verdes, Jameo de la Puerta Falsa, Jameo Redondo, Jameo de La Gente und die Jameos de Arriba. An der ausgedehnten Küste dieses Lavafeldes haben sich mehrere natürliche Schwimmbäder gebildet, wie zum Beispiel Caletón Blanco oder der Charco de La Condesa.

Die vorherrschende Vegetation auf Lava sind Flechten und Wolfsmilchgewächse. An der Küste gibt es einige Sandablagerungen, wo Pflanzen wie u.a. Salzhafer und Dünen-Wolfsmilch wachsen.

Die Fauna ähnelt dem Rest der Insel, außer im Inneren der Jameos del Agua, auf die wir später ausführlicher zu sprechen kommen.

Naturdenkmal Los Ajaches. Umfasst 3009,5 ha im Gemeindegebiet von Yaiza.

Es handelt sich um ehemalige vulkanische Berge, die von der Erosion stark angenagt sind. Sie gehören zu den ersten geologischen Formationen, die sich über dem Meeresspiegel gebildet haben (I.Serie) mit vereinzelten Trachytausstößen im Süden

Südseite des Massivs von Los Ajaches.

und jüngeren Lavamassen (II. Serie) bei Montaña de Bermeja. Das Massiv wird vom Atalaya de Femés (608 m) gekrönt, obwohl dieser Berg nicht mehr im Schutzgebiet liegt. Es handelt sich um einen Vulkankegel mit abgerundeter Spitze, der zu den charakteristischsten Punkten von Los Ajaches zählt. Im Schutzgebiet selbst erhebt sich der Hacha Grande mit 561 m Höhe und die Linie wird vom Montaña de Breña Chica abgeschlossen. Von hier aus fällt das Gelände ziemlich abrupt nach Süden ab und geht in eine steinige Ebene mit sanftem Relief über, die an der Landspitze Punta de Papagayo endet.

Die Ostküste besteht aus Felsenklippen mit einigen Fossilstränden. Im südlichen Teil wird das Relief der Küste freundlicher und man findet hier einige herrliche Strände, wie zum Beispiel Papagayo, Playa Mujeres, El Pozo und einige mehr.

Die Flora ist nicht sehr vielfältig: Hier findet man v.a. Dornlattich und einige Süßgräser. Ähnlich verhält es sich mit der Fauna: das vorherrschende Säugetier ist die Ziege, die auch für das exzessive Abweiden des Gebietes verantwortlich ist. Die häufigste Vogelart ist der Sturmtaucher, der an der Küste ein paar kleinere Kolonien gebildet hat. Seltener sieht man Turmfalken und Wanderfalken und ganz selten Schmutzgeier, Sturmschwalben und Fischadler.

Naturdenkmal Cueva de Los Naturalistas.
Sie besteht aus 1600 m unterirdischen Gängen und hat eine Ausdehnung von 2,1 ha im Gemeindegebiet von Tías und Tinajo.

Dieser vulkanische Tunnel ist eine der Kuriositäten Lanzarotes. Er liegt in einem großen Lavameer, das von dem Vulkan Tizalaya gebildet wurde. Diese Höhle ist durchaus begehbar (mit der nötigen Vorsicht) und in ihr kann man Strukturen, die für diese Höhlen typisch sind, beobachten wie zum Beispiel erstarrte Lavaströme, seitliche Terrassen und kuriose Lavastalaktiten (erstarrte Lavatropfen in Rebenform). Östlich von der Höhle liegt Montaña de Juan Bello, ein 436 m hoher Krater, der nach Westen hin offen ist und von einem Aschefeld umgeben ist. Diese Landschaft, die nur einige hundert Meter von Masdache , in Richtung Tinajo, entfernt ist, bildet zusammen mit den Weinstöcken, die in den Spalten und Rissen des Lavafeldes wachsen, ein beeindruckendes Panorama. In der Höhle selbst gibt es weder Pflanzen noch Tiere, nur am Höhleneingang. In den umgebenden Lavafeldern gibt es ausgedehnte Ansammlungen von Flechten und *Bejeques*.

Lavasee in der Nähe der Höhle.

Naturdenkmal Islote de Halcones.
Es umfasst 10,6 ha im Gemeindegebiet von Yaiza, innerhalb des Timanfaya-Nationalparks. Die Grenzen des Naturdenkmals verlaufen genau dort, wo jüngere Basaltmassen mit den älteren Materialien, die nicht von ihnen begraben wurden, zusammenstoßen.

Es handelt sich um einen 104 m hohen, hufeisenförmigen Krater aus der III. Serie. Seine Farbe ist rötlich und seine Struktur ist von der Erosion stark angegriffen.

Das Studium dieser Vulkaninseln ist vor allem unter biologischen Gesichtspunkten sehr interessant. Hier haben alte Pflanzenarten überlebt, die nicht von den jüngeren Lavamassen begraben wurden. Ihre Evolution ist ganz ohne äußere Einflüsse vor sich gegangen. Betrachtet man die einzelnen Arten ist es interessant zu sehen, wie weit sie sich auf den umgebenden, jüngeren Lavafeldern ausgebreitet haben. Was die Vegetation dieses *Islote* angeht, so hat man mehr als 90 verschiedene Arten gefunden, unter denen vor allem der Dornlattich und die Wolfsmilchgewächse auf der Nordseite sehr zahlreich sind. Die einzig interessante Tierart, die hier vorkommt, ist eine Käferart.

Der Zutritt zu diesem Naturdenkmal ist nur mit ausdrücklicher Genehmigung der Verwaltung des Timanfaya-Nationalparks erlaubt.

Naturdenkmal Montañas del Fuego.
Das Gebiet umfasst 392,5 ha in den Gemeindegebieten von Yaiza und Tinajo.

Es handelt sich um den zentralen und gleichzeitig höchsten Teil des Nationalparks. Er beinhaltet Montaña de Fuego, Montaña Timanfaya und die Vulkaninsel Islote de Hilario, wo sich auch das Restaurant befindet. Dieses Gebiet repräsentiert die vierte Ausbruchsphase, die 1732 begann. Älteres

"Vulkaninsel" Islote de Halcones.

Gestein hingegen findet man nur auf dem Islote de Hilario. Da dieser Teil des Parks schon weiter oben beschrieben worden ist, verweisen wir aud das entsprechende Kapitel.

Landschaftsschutzgebiet

Tenegüime. 421,1 ha in den Gemeindegebieten von Teguise und Haría. Ziel ist, das Landschaftsbild der Schlucht zu schützen.

Die Schlucht ist nur 4 km lang. Sie beginnt im alten Famara-Massiv, in der Nähe der Peñas del Chache und verläuft von Nordwest nach Südost. Zusammen mit dem Tal von Temisa und dem Tal von Palomo bildet sie eine landschaftliche Einheit. Es sind Täler, die sich in alte Materialien aus der Ersten Vulkanischen Serie eingegraben haben.

Die Ausbrüche der II. und III. Serie an der Küste und an der Peripherie des Massivs haben die Ausgänge dieser Täler zum Meer hin verschlossen. Dadurch haben sich Senken gebildet, in welchen sich die Sedimente ablagerten. Die Entstehung neuer Talsohlen und Talverläufe, die schließlich die Barrieren durchbrechen, lassen eine sehr interessante landschaftliche Entwicklung erkennen.

Hier findet man ein reichhaltiges Naturerbe, vor allem in der Tierwelt. In dieser Gegend wurden 95 Arten katalogisiert, davon 34 Wirbeltiere, bei denen wiederum die Vögel mit 25 Arten dominieren, d. h., 75% aller nistenden Arten der Insel. Hervorzuheben ist der graue Sturmtaucher (nicht an der Küste), der einfarbige Mauersegler (in vom Menschen unberührten Gegenden) und die Schleiereule. Auch bedrohte Arten wie der Schmutzgeier und der Berberfalke sind hier zu Hause.

In der Pflanzenwelt sind einige interessante Endemismen zu erwähnen. Jedoch muss generell gesagt werden, dass die intensive landwirtschaftliche Nutzung dieser Gegenden fast alle ursprünglichen Arten durch andere ersetzt hat. Die Existenz relativ entwickelter Böden, der Schutz vor dem Wind und die reichliche Sonneneinstrahlung erlauben sogar den Anbau von Bäumen oder baumähnlichen Pflanzen. Das fast ganzjährige Vorkommen von Wasser auf dem Talgrund und der relativ leichte Zugang veranlassten schon die Ureinwohner, sich hier niederzulassen.

Jedoch sind durch die intensiven Veränderungen der Landschaft im Zuge des Ausbaus der Landwirtschaft fast alle Zeugen aus dieser Zeit verschwunden.

Die Abgeschiedenheit dieser Gegend hat das Überleben einer traditionellen Kulturlandschaft begünstigt, die jedoch durch die Zeit und die Elemente stark verändert worden ist. Die Hand des Menschen ist überall sichtbar. Trotzdem bilden die natürlichen Elemente der nüchternen Landschaft zusammen mit den vorgenommenen Veränderungen eine harmonische Einheit von hohem, ethnographischem Wert. Ein schönes Beispiel dafür sind die rudimentären Vorrichtungen zur Ausnutzung der kargen Regenfälle.

Auf dem Grund der kleinen Schluchten hat man kleine Mäuerchen gebaut, die kleine Terrassen bilden. Diese *Nateros* sollen das Wegschwemmen des Bodens bei starkem Regen verhindern und gleichzeitig das Wasser in größere Terrassen (*Gavias*) talabwärts kanalisieren, wo die eigentliche Landwirtschaft betrieben wird.

Landschaftsschutzgebiet La Geria.

Es umfasst 5255,4 ha in den Gemeindegebieten von Tinajo, Yaiza, Tías, San Bartolomé und Teguise. Ziel ist der Schutz der traditionellen Landwirtschaft.

Die traditionelle Landwirtschaft auf Lanzarote hat beim Kampf gegen Wind und Wassermangel eine eigene Technologie entwickelt, die sich auf die Benutzung von pyroklastischen Materialien stützt. Die Oberflächen aus Lava und Asche kühlen in der Nacht ab und begünstigen das Kondensieren von Luftfeuchtigkeit. Diese Tropfen dringen durch die Poren ins Innere der Böden und werden bei Tag praktisch nicht verdunstet, denn die Hitze dringt nicht tief in diese Böden ein. Zum Schutz gegen den Wind werden Mäuerchen aus Schlacke gebaut, die halbrund sind und so den Zugang erleichtern. Ein typisches Beispiel für diese Art von Anbau ist die Gegend von La Geria, wo Weinstöcke in perforierten Lapilli-Böden wachsen. Die Löcher werden gegraben, damit die Wurzeln der Weinstöcke die fruchtbare Erde darunter erreichen können.

Diese Art Landwirtschaft braucht lange Vorbereitungsarbeiten: die Gegend säubern, Löcher graben, fruchtbaren Boden herankarren, diesen mit Vulkanasche bedecken und die Schutzmäuerchen bauen. Die Vulkanasche aus den jüngsten Ausbrüchen eignet sich am besten dafür. Das Schutzgebiet liegt im Zentrum der Insel und ist fast ausschließlich von Lava aus den Jahren 1730-36 bedeckt. Die wichtigsten Vulkane dieser Gegend sind der Montaña Chupadero, Guardilama

Feuerberg Montaña del Fuego vom Islote de Hilario aus.

Oberer Teil der Schlucht Tenegüime.

(603 m), Tinasoria (503 m), Montaña Negra, Caldera Colorada, Montaña Blanca (596 m) und Guatisea oder Montaña Tizalaya, der große, landschaftlich reizvolle Lavafelder mit glatter Lava gebildet hat. Außer den angebauten Pflanzen kommt hier vor allem der auf Lanzarote endemische *Bejeque* vor. Bei den wirbellosen Tieren muss die endemische lanzarotenische Grille erwähnt werden.

Wissenschaftlich interessanter Ort

Los Jameos. Er umfasst 30,9 ha im Gemeindegebiet von Haría. Ziel ist der Schutz der unterirdischen Gewässer und Biotope und vor allem der Arten, die darin leben.

Sowohl die Entstehung als auch die derzeitige Struktur des vulkanischen Tunnels, in dem die Jameos del Agua liegen, ist als sehr komplex zu bezeichnen. Das Lavafeld, das unter dem Namen Malpaís de La Corona bekannt ist, hatte schon sein heutiges Aussehen, als an der östlichen Basis des Vulkans La Corona ein starker Lavastrom entstand, der sich seinen Weg durch die bereits vorhandenen Aschen und Schlacken bahnte und dabei einen tiefen Graben zog. Als die Oberfläche dieser Lavamassen erkaltete, bildete sie ein stabiles

Weinanbau in La Geria.

Gewölbe. Das Ansteigen und Abschwellen der Lava hat seitliche Galerien, Korridore, Gräben, Tunnel und Brücken geschaffen.

In der Nähe der Küste verursachte der Kontakt der Lava mit dem Meerwasser ein explosionsartiges Verdampfen des Salzwassers und diese starken Explosionen sprengten die Tunneldecke weg, wie es z. B. beim Jameo Trasero, das der Küste am nächsten liegt, der Fall ist. Dieses Phänomen lässt sich auch an einigen Stellen im Jameo del Agua beobachten, vor allem an einer Stelle, wo ein großer, weggesprengter Lavablock neben der entsprechenden Öffnung liegt.

Das Schutzgebiet umfasst den letzten Teil des Tunnels, in dem die Jameos de Agua, die Jameos de Los Lagos, der Jameo Trasero und Teile des Túnel de la Atlántida. Alle diese Jameos haben Seen mit Meerwasser, in denen eine besondere Fauna beheimatet ist. Es sind Biotope, in denen seltene, einheimische Arten leben, die zum Teil nur in diesen Seen vorkommen, wie z.B. der sog. *Rimípedo* und der *Poliqueto ciego* (blinder Seewurm). Der bekannteste Bewohner der Jameos ist ohne Zweifel der blinde Krebs oder *Jameito* (*Munidopsis polymorpha*), der

zum Tiersymbol von Lanzarote geworden ist. Diese Spezies wurde auch in der Nähe von Órzola und auf der Insel El Hierro gefunden, weshalb man annimmt, dass diese Krebse sich im Atlantik weiter ausbreiten. Diejenigen, die in den Jameos leben, verbringen ihren ganzen Lebenszyklus dort und erreichen eine Dichte von 150 Exemplaren pro m^2. Diese Spezies ähnelt anderen Tiefseearten. Ihre Farbe ist weißlich und sie hat keine Augen. Es gibt verwandte Arten, die in großen Tiefen um die Inseln herum sowie im Pazifik und anderen Stellen im Atlantik leben. Ihre Hauptnahrung sind Bakterien, die bei chemischen Prozessen in der Nähe von vulkanischen Gasaustritten entstehen.

Die Jameos del Agua sind seit 1966 für Besucher ausgebaut worden. Es gibt ein Restaurant, eine Gaststätte, einen Swimmingpool und ein Auditorium mit 500 Sitzplätzen. Geschmückt wird das Ganze durch exotische und einheimische Pflanzen. Neben den Jameos steht die Casa de los Volcanes, ein Museum, in dem die geologische Evolution von Lanzarote erklärt wird.

Der See im Inneren der Jameos del Agua.

Die Salinen von El Janubio mit der Lagune.

Wissenschaftlich interessanter Ort

El Janubio. Seine Größe beträgt 168,6 ha im Gemeindegebiet von Yaiza und sein Ziel ist der Schutz des halophilen Biotops (salzreiches Milieu) mit den darin lebenden Arten sowie die Erhaltung der alten Einrichtungen zur Salzgewinnung.

Hier lag einst der wichtigste Hafen von Lanzarote. Er wurde bei den Eruptionen von 1730-36 von der Lava überflutet. Es entstand ebenfalls eine Sandbank, die aus der Bucht Caleta del Janubio eine Lagune machte. Diese Lagune ist der wichtigste Zufluchtsort für Seevögel auf der Insel. Einige dieser Arten sind Wandervögel, wie der Strandläufer und der sog. Steinumdreher. Andere, wie der bedrohte Seeregenpfeifer, nisten hier.

Die Lagune hat, ebenso wie die Laguna de Los Clicos im Krater von El Golfo, eine grünliche Farbe. Diese stammt von der hohen Konzentration an Seealgen, die den Namen *Ruppia maritima* trägt.

Der größte Teil der Bucht wird heute von den Salinen eingenommen. Von den 60 Salinen, die es im 17. Jh. auf den Kanarischen Inseln gab, befanden sich 24 auf Lanzarote, die größte Saline mit 500 000 m² ist die Saline von El Janubio.

Nur 9 Salinen sind noch in Betrieb. Die von El Janubio, die eine der typischsten Landschaftsbilder von Lanzarote darstellen, werden im Moment vollständig restauriert. Sie sind Sinnbild des menschlichen Erfindergeistes bei der Gewinnung von Salz, einem Produkt, das in der Entwicklung der Zivilisation eine immens wichtige Rolle spielte. Im Kapitel „Industriearchitektur" wird der Salzgewinnungsprozess detailliert beschrieben, ebenso wie die verschiedenen Salinen-Typen auf Lanzarote.

Im Schutzgebiet selbst gibt es auch mehrere Kalköfen, die beim Bau der Salinen benutzt wurden, 5 Windmühlen, die das Wasser in die Flutkanäle pumpten und andere Konstruktionen, die mit der Salzgewinnung in Zusammenhang standen.

Die schwarze Sandbarriere besteht aus Basaltkörnern, die sich auf einer vulkanischen Plattform angesammelt haben. Hier ist ein schwarzer Strand entstanden, der in einem schönen Kontrast zum Weiß der Wellen steht. Die Vegetation der Umgebung setzt sich hauptsächlich aus Gestrüpp wie Knotenblütige Mittagsblume und Dornlattich zusammen. Jedoch überwiegen bei weitem die verschiedenen Flechtenarten, die hier eine weißliche Farbe haben.

GESCHICHTE UND KULTUR

Frühgeschichte. Unter archäologischen Gesichtspunkten muss man leider sagen, dass Lanzarote die große Unbekannte ist, denn nicht ausgeführte Grabungen, von neuen Ansiedlungen verdeckte, alte Siedlungen, historische Materialien, die bei Neubauten verwendet wurden sowie die Eruptionen im 18. und 19. Jh., zusammen mit den Sandstürmen von 1825 haben nicht viel für die Archäologen übrig gelassen.

Diese Faktoren haben es äußerst schwierig gemacht, Gebiete wie die Zentralebene oder Gran Aldea im Gemeindegebiet von Teguise näher zu erforschen, obwohl diese von außerordentlichem archäologischen Wert für die Erforschung der alten Ureinwohner sind.

Die ersten Dokumente, in denen Lanzarote erwähnt wird, wurden von den Mönchen Bontiner und Le Verrier verfasst, die die Eroberer im Jahre 1402 begleiteten. Jedoch sind diese Berichte mehr ein Loblied auf die Eroberer als eine historische Quelle von Informationen über die primitiven Inselbewohner.

Die essentiellen Fragen „Wer waren sie?", „Woher kamen sie?" und „Wann?" sind Gegenstand von Forschungen, die schon im 16. und 17. Jahrhundert betrieben wurden. Ein erster Versuch waren die „Historias Generales" von Alonso Espinosa, Leonardo Torriani und Abreu Galindo. Danach kam im 18. Jahrhundert J. de Viera y Clavijo, der in seiner „Geschichte der Kanarischen Inseln" behauptete, die Ureinwohner der Inseln seien Nachfahren der Einwohner von Atlantis, womit er ihnen einen legendären und fast mysthischen Ursprung verleihen wollte.

Für andere Forscher fand die Besiedlung in mehreren, weit auseinanderliegenden Phasen statt. Autoren wie Schwidetzky, der von anthropologischen Studien in Europa ausgeht, kommen zu dem Schluss, dass die ersten Besiedler der Insel dem Typus Cro-Magnon-Mensch zugeordnet werden müssen (mit breitem Gesicht und gedrungenem Körperbau), während die zweite Besiedlungsphase von mediterranen Menschentypen (größer, schlanker und mit feinen Gesichtszügen) bestimmt wurde.

Die neuesten Theorien weisen unmissverständlich auf einen nordafrikanischen Ursprung hin, wahrscheinlich das Gebiet der Berber im Maghreb und in der Sahara, wobei das Ursprungsgebiet sehr weit gefasst ist: der nordafrikanische Raum, der vom Atlantik, dem Mittelmeer, Tunesien und der Subsahara begrenzt wird. Auf der Insel Lanzarote hat man Reste von halb ausgegrabenen Häusern

Archäologische Fundstätte von Zonzamas.

gefunden, die denen in Marokko und einigen Gebieten von Tunesien sehr ähnlich sind. Außerdem wurden Götterbilder mit ähnlicher Symbolik und mit ähnlichen Merkmalen wie bei den zoomorphen Skulpturen der Sahara-Zone gefunden. Ausgegrabene Keramikgegenstände der ersten Siedler der Inseln gleichen ebenfalls in Form und Ornamenten denen, die in jener Zeit in bestimmten Gebieten Nordafrikas benutzt wurden.

Die fortschreitende Desertifikation der Sahara und die politischen Querelen in Nordafrika im ersten Jahrtausend vor Christus sind mögliche oder sogar wahrscheinliche Motive für die Ankunft der ersten Siedler. Ihre primitiven Navegationsmittel waren vollständig von den Winden und den Meeresströmungen abhängig, sodass an eine Rückkehr nicht zu denken war und Bewegungen zwischen den Inseln sehr schwierig wurden. Die Zahl der Ankömmlinge liegt ebenfalls im Verborgenen. Das Einzige, was man mit Gewissheit behaupten kann, ist, dass es genügend waren, um sich fortzupflanzen und eine ansehnliche Bevölkerung bis zur Eroberung durch die Spanier zu bilden.

Frühhispanischer Stämpfer. Landw. Museum El Patio.

Das Fehlen von anthropologischen Studien auf der Insel Lanzarote, größtenteils bedingt durch das Fehlen von menschlichen Überresten, lässt das Aussehen der Ureinwohner (*Majos* genannt) völlig im Unklaren. Nur ein paar Reste, die in einer Nekropolis beim Montaña de la Mina (San Bartolomé) gefunden wurden, lassen auf einen mediterranen-nordafrikanischen Menschentyp schließen, der ziemlich groß und robust war. Gewisse Ähnlichkeiten gibt es mit menschlichen Resten, die auf Gran Canaria und frühgeschichtlichen punischen Gräbern im heutigen Algerien gefunden wurden.

Die Sprache der *Majos* ist im libysch-berberischen Sprachraum anzusiedeln.

Bontier und Le Verrier verzeichneten dazu folgendes: *„Die Sprache dieses Landes gleicht sehr der Sprache des Landes Canaria"*. Einige Inschriften auf Lanzarote und Fuerteventura sind dem lateinischen Alphabet ähnlich und haben keinerlei Entsprechungen auf dem restlichen Archipel.

Auch die Sammelbezeichnung *Guanchen* für die Ureinwohner der Kanarischen Inseln bezieht sich nicht auf die allerersten Bewohner der Inseln, sondern bezeichnet eine Mischung aus mediterranen, nordafrikanischen und negroiden Bevölkerungsgruppen aus verschiedenen Einwanderungswellen, die wahrscheinlich tausend Jahre vor unserer Zeitrechnung stattfanden.

Über die Kultur dieses Volkes, seine Häuser, seine wirtschaftliche, politische und religiöse Organisation, weiß man relativ wenig, jedoch haben die letzten Forschungen immer mehr Tatsachen ans Tageslicht gebracht. Man weiß, dass die Ansiedlungen abhängig von den klimatischen Bedingungen, der Fruchtbarkeit des Bodens und der strategischen Situation angeordnet wurden. Ihre Ausrichtung erlaubte die Kontrolle der Felder, Weiden, Herden und die Bewegungen der benachbarten Stämme. Die typische Wohnform auf Lanzarote war oberirdisch, in kleinen Weilern oder Dörfern, obwohl auch einige Funde darauf hinweisen, dass es Höhlenwohnungen gegeben hat, die zum Teil künstlich in vulkanisches Gestein gehauen waren. Ein ebenfalls typisches Element der Ansiedlungen waren die sogenannten *Maretas*, unterirdische Wasserspeicher, die aufgrund des Wassermangels lebensnotwendig waren.

Die Wirtschaft der Ureinwohner basierte hauptsächlich auf Land- und Viehwirtschaft, die durch Fischen und das Sammeln von Früchten und Meeresfrüchten ergänzt wurde.

Die Organisation, die Aufteilung der Arbeit und die Besitzverhältnisse an Vieh und anderen Gütern standen in Beziehung zur Großfamilie, in

Auswahl kleiner Handmühlen um das Korn zu mahlen. Landwirtschaftsmuseum El Patio.

der die Vielmännerei üblich war. Das Land war Gemeingut. Ihre „Technologie" zeichnete sich durch Schneidewerkzeuge aus Stein aus.

Die Keramik hatte normalerweise einen flachen Boden und die Form einer Halbkugel, eines Eies oder eines Kegels und war rötlich, ockerfarben oder braun. In einigen wenigen Fällen hat man auch eingeritzte Ornamente und geometrische Formen gefunden. Der Ton wurde normalerweise mit Asche, zerstampften Muschelschalen oder Pflanzen gemischt.

Es ist wahrscheinlich, dass die religiösen Riten auf Sühneopfern basierten, bei denen das Ausgießen von Milch auf Berggipfeln eine Rolle spielte. Abreu Galindo berichtet in seiner Geschichte der Eroberung der Kanarischen Inseln: *„Sie beten einen Gott an, indem sie die Hände gen Himmel erheben. Sie bringen ihm Opfer in den Bergen dar, bei denen sie Ziegenmilch aus irdenen Bechern verschütten, die sie Gánicas nennen."*

Die Ansiedlungen der Ureinwohner sind über die gesamte Insel verteilt. Im Malpaís de la Corona und einigen Bereichen in der Umgegend, wie zum Beispiel in Bajo del Risco, gab es Ansiedlungen, die ständig bewohnt waren. Ebenso findet man steinerne Zeugen in den Tälern des Nordens, in den Sandebenen des Zentrums und an den Küsten von Guatiza-Tahiche, wo natürliche Höhlen und Felsennischen benutzt wurden. Die Gegend von Zonzamas wird zur Zeit näher erforscht und hier hat man Höhlen, architektonische Strukturen und primitive Gravuren gefunden. Auch in den steinigen Ebenen des Südens hat man mehr als 100 künstliche Strukturen aus trockenem Stein gefunden und eine ganz besondere Einteilung des Terrains festgestellt. Die sandige Gegend im Zentrum der Insel (*Jable*) wird als das bedeutendste „afrikanische Bindeglied" angesehen. Nach einer langen Besiedlung durch die Ureinwohner wurden diese Gebiete später von maurischen Sklaven, die an der Küste der Sahara gefangen wurden, besiedelt. Viele archäologisch wertvolle Hinweise wurden im Jahre 1825 von einem Sandsturm zugedeckt, der das Dünenfeld praktisch auf seine heutige Größe ausdehnte.

Die Eroberung durch die Spanier. Nicht erst seit der Eroberung, sondern schon seit dem Altertum, zum Teil sogar in einigen Mythologien, werden die Kanarischen Inseln erwähnt, und zwar von Autoren wie Plutarch, Plinius dem Älteren und Ptolemäus. Die Araber landeten, einigen Geschichtsforschern zufolge, in den Jahren 956 und 1013 nach Christus. Wahrscheinlich ist, dass sowohl die Christen als auch die Moslems von ihrer Existenz wussten und weitaus öfter hier anlegten, als sich belegen lässt.

Was man mit Sicherheit weiß, ist, dass die Inseln ab der zweiten Hälfte des 13. Jh. relativ oft von europäischen Seefahrern besucht wurden. Technische Neuerungen wie Kompasse, Windrosen, Hafenhandbücher und präzisere Seekarten trieben die technische Entwicklung in der Seefahrt sehr schnell voran.

Vor der eigentlichen Eroberung unterscheidet man zwei Phasen: das gesamte 14. Jh., in dem die Inseln sporadisch angesteuert wurden, vor allem auf der Suche nach Sklaven, und das 15. Jh., in dessen Verlauf die Inseln nach und nach besetzt wurden und schließlich der Kastilischen Krone einverleibt wurden.

Obwohl es nicht viele gesicherte Daten darüber gibt, soll im Jahre 1312 ein gewisser Lancelotto (daher der Name Lanzarote) Malocello auf die Insel gekommen sein und sich dort für 20 Jahre niedergelassen haben, bevor er von den Ureinwohnern wieder vertrieben wurde.

Eine von Portugiesen und Italienern oganisierte Expedition unter der Leitung von Nicoloso da Recco und Angiolino de Teggia, die vom portugiesischen König Alfons IV. losgeschickt wurde, entwickelte sich später zum Streitapfel zwischen besagtem König und Alfons XI. von Kastilien, der die Herrschaft über die Inseln für sich beanspruchte, da sie zur Mauritania Tingitana und somit zur Westgotischen Monarchie gehörten, dessen Erben die kastilischen Könige seien. Dieselben Argumente wurden vom kastilischen König angeführt, als der Papst Clemes VI. 1344 in seiner Bulle „Tua Devotionis Sinceritas" den Adligen Don Luis de la Cerda zum Herrscher über die Inseln benannte. Dieser war Intendent der kastilischen Krone und Mitglied der Gesandtschaft des französischen Königs am päpstlichen Sitz in Avignon. Dies veranlasste Pedro IV. von Aragón, den selbstproklamierten Erbprinzen Don Luis de la Cerda um finanzielle Hilfe zu bitten, was ihn in die ausgebrochenen Streitigkeiten verwickelte.

Nach Berichten von Pedro de Ayala in seiner Chronik über den König Heinrich III., gab es noch vor Ende des 14. Jh. eine kastilische Expedition, bei der 150 Ureinwohner gefangen und später als Sklaven verkauft wurden. Trotz dieser Vorkommnisse wurden die Inseln erst im 15. Jh. erobert, und zwar nachdem man ihren wirtschaftlichen und strategischen Nutzen ausgiebig erörtert hatte.

Die Eroberung selbst ging nicht etwa schnell und reibungslos vonstatten, sondern wurde zu einem Unterfangen mit Höhen und Tiefen während des gesamten 15. Jh. Begonnen wurde sie von den Normannen Jean de Béthencourt und Gadifer de la Salle im Jahre 1402, als diese noch dem französischen König dienten. Noch im selben Jahr, nach Beginn der Eroberung, erschienen sie am Hofe des Königs Heinrich III. und schworen ihm Treue, womit sie die Herrschaft der Krone Kastiliens über den kanarischen Archipel anerkannten.

Der erste Kontakt fand 1402 auf der Insel Lanzarote statt, wo Freundschaftspakte mit den Ureinwohnern abgeschlossen wurden. Im Süden der Insel wurde die erste normannische Siedlung gebaut, die Festung Rubicón. Während Jean de Béthencourt auf die Iberische Halbinsel reiste, um mehr Geld und Männer zu erbeten, unternahm Gadifer de la Salle eine Erkundungsexpedition, bei der er auf Gran Canaria landete, Teneriffa umsegelte und später ins Innere der Insel El Hierro eindrang.

Le vray Pourtraict de Messire Jhean de Bethencourt Roy des Canaries.

Balthasar Moncornet, fecit.

Porträt von Béthencourt aus dem Jahr 1630.

"... ein neuer Kegel erhob sich, der offene Krater spie Asche und Blitze ..."

Béthencourt kam zurück mit dem Titel „König der Kanarischen Inseln".

Im Jahre 1418 erlangte der Fürst Conde de Niebla die Rechte über die Inseln, womit die normannische Phase der Eroberung endete und die normannischen Gesetze durch kastilische ersetzt wurden. 1420 übertrug der kastilische König Johann II. die Rechte an den Inseln auf Alfonso de Las Casas, was einen zehnjährigen Konflikt hervorrief, der erst endete, als 1430 der Conde de Nieblas besagte Rechte auf Guillén des Las Casas, den Erben von Alfonso de Las Casas, übertrug. In dieser Zeit meldete auch Portugal wieder Ansprüche an. Aufgrund der Interessen in Afrika und der Uneinigkeit in Kastilien forderte der portugiesische Kronprinz Heinrich, der Bruder des portugiesischen Königs Duarte, die Herrschaft über die Kanarischen Inseln.

Dieser Konflikt, der fast ein ganzes Jahrhundert dauerte und in den ausländische Juristen, die päpstliche Kurie und die kastilischen Könige Johann II., Heinrich IV. und die Katholischen Könige verwickelt waren, endete im Jahre 1479 mit dem Vertrag von Alcazovar, aus dem die Katholischen Könige als Sieger hervorgingen. Im Jahre 1494 wurden im Vertrag von Tordesilla die Grenzen und die Rechte der Spanier und Portugiesen auf Kolonien neu definiert, denn zwei Jahre vorher war Kolumbus in Amerika gelandet.

Die Eroberung und Kolonialisierung der Inseln durch die kastilische Krone brachte die Zerstörung der Kultur der Ureinwohner mit sich. Eine neue Sprache, eine neue Wirtschaftsform, ein neues politisches System, das heißt, eine neue Kultur ersetzte die primitive Lebensform der Ureinwohner und anullierte diese völlig. Krankheiten, Sklaverei, Deportationen, Zwangsrekrutierungen und Anpassungsschwierigkeiten führten zu einer starken Dezimierung der ursprünglichen Bevölkerung.

Die neue Gesellschaft entwickelte sich auf zwei Ebenen: Die Oberschicht setzte sich zusammen aus Adel, Kirche und reichen Händlern und die Unterschicht bestand aus kleinen Landbesitzern, Handwerkern, Tagelöhnern, freien und versklavten Ureinwohnern und deportierten Schwarzen und Mauren aus Nordafrika. Schon damals zeichnete sich die kanarische Gesellschaft durch eine starke Vermischung verschiedener Völker aus.

Nachdem die europäischen Mächte ihre Interessen mehr und mehr auf den amerikanischen Kontinent verlagerten, wurden die Kanarischen Inseln immer mehr zum begehrten Objekt von Piraten und Korsaren.

Dies nahm solche Ausmaße an, dass im Jahre 1515 der gesamte Seeverkehr in dieser Zone des Atlantiks ständig bedroht war. Begünstigt durch den Konflikt zwischen Kaiser Karl V. und dem französischen König wurde die Insel La Gomera 1525 vom französischen Piraten Jean Fleury besetzt. Später, unter der Herrschaft Heinrichs II. und als Folge der Streitigkeiten zwischen Spanien und der englischen Königin Elizabeth I. mussten sich die Inseln immer häufiger gegen englische und verbündete holländische Korsaren verteidigen.

Um ihre Interessen zu wahren, liessen Karl V. und Philipp II. überall auf den Inseln Bollwerke bauen und begannen damit, die zivilen und militärischen Institutionen neu zu organisieren. Unter den Königen Philipp III., Philipp IV. und Karl II.

traten die Inseln im internationalen politischen Konzert in den Hintergrund. Dies änderte sich, als die Borbonen im 18. Jh. an die Macht kamen.

Unter der Herrschaft Phillips II. wurden die Einfälle der Berber auf den Inseln immer stärker. Die Vertreibung der Mauren von der spanischen Halbinsel und die Allianz des Scherifs von Fez mit Algeriern und Türken begünstigten diese Invasionen.

Der Geschichtsschreiber Viera y Clavijo schilderte eine dieser Invasionen: *„... eine Flotte von Berbern und Türken mit 60 Schiffen, die von Taban Arraez und Sulaiman befehligt wurde, landete mit 5000 Männern am 1. Mai 1618...".* Die Invasoren landeten in Arrecife und trafen auf keinen Widerstand.

Danach marschierten sie nach Teguise *„... sie stürmten und eroberten die Stadt am 2. Mai und plünderten sie, ohne dass die Bewohner eine andere Möglichkeit als die Flucht gehabt hätten...". „...sie zogen sich ins Landesinnere zurück und einige flohen sogar bis nach Fuerteventura...".* Die Mehrzahl der Bevölkerung zog sich in die Höhle Cueva de Los Verdes zurück, jedoch mussten sie sich wegen des Mangels an Lebensmitteln nach einigen Tagen ergeben. Viele wurden gefangengenommen. Die Invasoren verließen die Insel mit ca. 1000 Gefangenen und einer reichen Beute. *„... dieser traurige Schlag hinterließ die Insel Lanzarote gelähmt und gebadet in Tränen. Er war nur dazu gut, das Land in Armut zu stürzen ...".*

Moderne Geschichte.

Aus natürlichen, politischen und wirtschaftlichen Gründen erleidet die Insel eine schwere Dekadenz im 16. und 17. Jh.

Vor allem die Naturkatastrophen in der jüngeren Geschichte haben die Mentalität dieses Volkes geprägt. Vulkaneruptionen, Trockenheit und Stürme sowie Epidemien, Kriege und Invasionen verdammten über viele Jahre die Bevölkerung dazu, auszuwandern oder Hunger zu leiden.

1730 hatte die Insel genau 4967 Bewohner und die Wirtschaft, die auf Ackerbau und Viehzucht basierte, war ziemlich stabil. Das Gebiet, das in den Jahren 1730-36 von der Lava bedeckt wurde, war sehr fruchtbar und es gab dort viele Quellen und Weiden. Dieser Teil der Insel war relativ dicht besiedelt mit ca. 300 bewohnten Häusern.

Damals war die höchste zivile Gewalt in den Händen eines sogenannten Alcalde Mayor (Oberbürgermeister), der dem königlichen Gerichtshof mit Sitz auf Gran Canaria unterstand. Die höchste militärische Gewalt oblag einem sogenannten Obersergeanten (*Sargento Mayor*),

„... die Lava ergoss sich über die Orte ..."

der auch Verwalter der Waffen (*Gobernador de las Armas*) genannt wurde. Dieser erhielt seine Befehle vom Gouverneur der Kanarischen Inseln, der auf Teneriffa residierte. Zu diesem Zeitpunkt steckte Spanien in einer tiefen Krise. Regiert von Philipp V. lag es im Krieg mit England und Italien.

Wie man aus zeitgenössischen Berichten entnehmen kann, waren die Vulkanausbrüche verheerend. Die drastische Verminderung der Lebensmittel, die sie mit sich brachten, verursachten eine Hungersnot von mehreren Jahren. Jedoch gaben die Länge der Ausbrüche und ihre relative Ungefährlichkeit der Bevölkerung die Möglichkeit, sich langsam aber sicher an die neue Situation zu gewöhnen.

Es gibt zwei Quellen, die die Ereignisse jener Jahre schildern: Der Bericht der Inselverwaltung und die Aufzeichnungen des Pfarrers von Yaiza. Eine präzisere Beschreibung lässt sich den erstgenannten Dokumenten entnehmen, die im Archiv von Simancas (Valladolid) aufbewahrt werden. Dieser Bericht geht bis zum 4. April 1731. Das Tagebuch des Pfarrers von Yaiza geht bis zum 28. Dezember, jedoch ab Februar desselben

Jahres werden die Berichte immer ungenauer und dramatischer. In diesem Monat traten die Ausbrüche in eine zweite Phase und wurden immer heftiger. Ein zweites Eruptionszentrum entstand bei Montaña del Señalo.

Die Schilderung in Tagebuchform des Pfarrers von Yaiza Andrés Lorenzo Curbelo ist mit Sicherheit die bekanntere Version: *„Am 1. September 1730, zwischen 9 und 10 Uhr nachts, öffnete sich die Erde bei Timanfaya, zwei Leguas [span. Meile=5,57 km, Anm. d. Ü.] von Yaiza entfernt, und ein riesiger Berg erhob sich aus dem Inneren der Erde und aus der Spitze schossen Flammen, die während neunzehn Tagen brannten ...".* Und weiter berichtet er: *„...Wenige Tage danach tat sich eine neue Hölle auf und ein Lavastrom ergoss sich über die Orte Timanfaya, Rodeo und einen Teil von Mancha Blanca. Die Lava ergoss sich über diese Orte in Richtung Norden, anfangs so schnell und flüssig wie Wasser, aber bald schon so zäh wie Honig...".* Etwas später berichtet er: *„ ..Am 11. September begann die Eruption von neuem und mit mehr Macht als zuvor, und die Lava begann wieder zu fließen. Von Santa Catalina ergoss sie sich über den Ort Mazo, ließ den Ort in Flammen aufgehen, bedeckte ihn schließlich und setzte seinen Weg nach dem Meer fort, und sie floss sechs Tage lang mit einem schrecklichen Geräusch und bildete regelrechte Lavafälle. Eine große Zahl von toten*

Fischen trieb auf der Oberfläche des Meeres oder kam ans Ufer um zu sterben. Plötzlich war alles still und der Ausbruch schien völlig zum Stillstand gekommen zu sein....".

Dies ist der Bericht der ersten vulkanischen Episode, die 19 Tage dauerte. Nach einer Ruhephase von 21-29 Tagen (die Angaben sind nicht sehr präzise), beginnt die vulkanische Tätigkeit von neuem. Hierzu berichtet die damalige Junta de Lanzarote: *„... und am 10. Oktober brach die Erde erneut auf und bildete zwei Schlunde, die einen Musketenschuss voneinander entfernt waren und beide eine dreiviertel Legua vom ersten Vulkan..."* und der Pfarrer von Yaiza erzählt: *„... Die Dunkelheit, die von der Asche und vom Rauch herrührten, die die Insel bedeckten, zwangen die Bewohner von Yaiza mehr als ein Mal, die Flucht zu ergreifen. Bis zum 28. Oktober 1730 ging die vulkanische Tätigkeit während zehn Tagen weiter, als plötzlich das ganze Vieh in der Gegend tot umfiel, erstickt von stinkendem Dampf, der kondensierte und in Form von Tropfen herunterfiel...".*

Es handelt sich hier um Ausstöße von Schwefelgasen (wahrscheinlich SO_2) und hauptsächlich Kohlenmonoxid, das giftig und schwerer als Luft ist und sich in Bodennähe ansammelt, was zur Folge hat, dass kleinere Tiere ersticken, während Personen zu Fuß oder zu Pferd nicht in Mitleidenschaft gezogen werden.

„... plötzlich war alles still, und der Ausbruch schien zum Stillstand gekommen zu sein."

„... aber bald schon floss sie so zäh wie Honig ..."

Noch klarer wird dieses Phänomen, wenn man den Bericht der Königlichen Audienz liest, in dem es heißt: „... *Dies ist der Fall in einem Dorf, das man La Jeria nennt, man sagt, und das ist wohl wahr, die Erde wirft teilweise einen so schlechten Geruch aus, dass die Tiere tot umfallen, und die Vögel auch. Elf Stück Rindvieh, die durch das Dorf getrieben wurden, sind alle elf tot umgefallen. Dasselbe ist passiert mit anderen Tieren wie Eseln, Hunden, Katzen und Hühnern...".*

Ab dem 3. Februar 1731 steigt die vulkanische Aktivität: „....*Am 3. Februar erhob sich ein neuer Kegel, brannte das Dörfchen Rodeo nieder und nachdem die Lava die gesamte Gegend durchquert hatte, gelangte sie ans Meer, und dies hielt an bis zum 28. Februar...".* „....*Am 7. März erhoben sich weitere Kegel und die Lava, die aus ihnen floss, bewegte sich in Richtung Norden, auf das Meer zu, und sie gelangte nach Tingafe, das vollständig zerstört wurde...".* Und weiter heißt es in diesem Bericht: „... *Am 6. April begannen sie wieder, mit mehr Macht als zuvor und schleuderten eine heiße Masse heraus, die den Hang auf der Seite von Yaiza herunterfloss, auf dem Lavafeld, das sich dort bereits gebildet hatte...".* „...*Am 13. April fielen zwei Berge mit einem entsetzlichen Krachen zusammen und am 1. Mai glaubte man, diese Feuersbrunst sei vorbei, jedoch begann sie am 2. Mai von neuem, nur eine Viertel Legua weiter, und es erhoben sich neue Hügel, und aus ihnen kam ein Lavastrom heran, um die Ortschaft Yaiza zu bedrohen...".*

Zwei neue Episoden, die zu den Ausbrüchen von Montañas de Señalo gehören, werden im Tagebuch klar geschildert: „....*Am 4. Juni zeigten sich plötzlich drei Öffnungen gleichzeitig, begleitet von heftigen Erschütterungen und Flammen, die mit einem schrecklichen Geräusch aus der Erde kamen, was erneut zu großer Angst in der Bevölkerung der Insel führte. Auch diese neue Eruption fand in Timanfaya statt. Die verschiedenen Öffnungen vereinigten sich bald in einem Kegel, der sehr schnell wuchs und aus dem Lava quoll, die sich ins Meer ergoss...".* Und schließlich: „...*am 18. erhob sich ein neuer Kegel zwischen denen, die sich schon auf den Ruinen von Mazo, Santa Catalina und Timanfaya gebildet hatten. Ein offener Krater auf einer Flanke dieses Kegels spie Asche und Blitze...".*

Ab diesem Punkt wird der Bericht des Pfarrers knapper und ungenauer: „... *gegen Ende Juni 1731 füllten sich die Strände und Ufer des Meeres, im östlichen Teil, mit einer unglaublichen Zahl von toten Fischen aller Art. Im Nordosten sah man, von Yaiza aus, wie eine große Masse von Rauch und Flammen aus dem Inneren des Meeres aufstieg, begleitet von heftigen Detonationen, und dieselbe Erscheinung konnte man auch entlang der gesamten Westküste, auf der Seite von El Rubicón, beobachten...".*

Der Bericht des Pfarrers endet folgendermaßen: „... *im Oktober und November (1731) weckten neue Eruptionen die Ängste der Bewohner der Insel. Am 25. Dezember 1731 wurde die Insel vom stärksten Erdbeben der letzten zwei grauenvollen Jahre erschüttert, und am 28. Dezember floss ein Lavastrom aus einem Kegel, der sich neu erhoben hatte, in Richtung Jarretas, setzte den Ort in Brand und zerstörte die Kapelle des Hl. Johannes des Täufers, in der Nähe von Yaiza...".* Die Bewohner von Yaiza, verzweifelt, flohen mit ihrem Pfarrer auf die Insel Gran Canaria.

1733 besucht der Bischof Dávila die Gegend von Yaiza und berichtet: „...*An diesem Ort am Fuße des Vulkans, der sich nicht enthüllte in den drei Tagen, in denen ich dort war, sah man nur ein Licht, wie das von einer Kerze, und ich blieb nicht länger, denn der Sandstaub verursachte mir Beschwerden in der Brust...".*

Die Eruptionen dauerten an bis zum 16. April 1736 und hinterließen die Insel in einem desolaten Zustand. Die materiellen Schäden waren enorm und auf mehr als 200 km² wurden Häuser, Bauernhöfe, Weiden und Felder zerstört und zahlreiche Tiere getötet. In einer Gegend jedoch, in La Geria, brachte dies auch Vorteile, denn die Bauern von Yaiza und Tinajo entdeckten, dass man die Lava perforieren konnte und dass Pflanzen auf dem Ascheboden gut Wurzeln schlugen und gediehen. Außerdem schützten die Löcher vor dem Wind. In dieser Zeit entstanden diese sogenannten *Gerias* und man pflanzte vor allem Wein in ihnen an. Die Naturkatastrophen hatten jedoch immer noch kein Ende.

In der Trockenperiode, die von 1766-1771 dauerte, starb ein Drittel der Bevölkerung, ca. 2600 Personen, an Hunger und Durst.

Die wirtschaftliche Struktur der Insel, die immer einen Kontakt mit der Außenwelt implizierte, begünstigte einen wirtschaftlichen Aufschwung Ende des 18. Jh. Neue Ideen, die schon eine Zeitlang in Europa zirkulierten, kamen schließlich auch auf die Insel. Es bildete sich ein neues soziales Bewußtsein, das nicht mehr an die herrschende, adlige Klasse gebunden war, sondern an größere soziale Schichten mit Unternehmergeist. Neue Ideen für Industrie und Handel, neue Konzepte für Handelsbeziehungen und neue Ansichten über den Fortschritt schlechthin erreichten die Insel. Aufgrund dieser neuen Ideen enwickelten sich neue landwirtschaftliche, industrielle und kommerzielle Konzepte.

In der ersten Hälfte des 19. Jh. brachen wieder Epidemien und Hungersnöte aus, wie zum Beispiel das Gelbfieber in den Jahren 1810/11 und in den Jahren 1820 und 1825 die Grippe und die Pocken.

Zu diesen Heimsuchungen muss man noch die Vulkanausbrüche des Jahres 1824 hinzuzählen, die die Sandebene von Tao in Richtung San Bartolomé und Famara verwüsteten. Sie hatten nicht die Zerstörungskraft der Ausbrüche von Timanfaya und man berichtet von ihnen in der folgenden Weise: *„Im Monat Juli des Jahres 1824 sagten einige Personen,*

sie fühlten Erschütterungen in der Erde. [...]Am Morgen des 31. desselben Monats erfüllte sie ein heftiger Vulkanausbruch in Tao mit Grauen... es öffnete sich eine Spalte ...Hauptsächlich richtete sich der Ausbruch in Richtung Norden und während mehr als 18 Stunden flossen Lava und Wasser...".

Am 29. September öffnete sich ein Schlund auf dem Vulkan von 1730, eine halbe Legua von Yaiza entfernt, und die Lava floss in Richtung Meer. *„...Es entstanden zwei Schlunde der Hölle ... das Tosen war manchmal so stark, dass es uns nachts nicht schlafen ließ und die Atmosphäre war so geladen, dass wir manchmal meinten, reinen Schwefel zu atmen.Der Sand regnete auf der ganzen Insel und auf den Dächern musste man ihn mit Schaufeln wegschaffen. [...] Nachdem der Vulkan 12 Tage ruhig war, gab es plötzlich, um halb Sieben des 16. Oktober, eine weitere, wütende Eruption, die nur während 20 Stunden ihre Materialien herausschleuderte. Danach schoss eine Wasserfontäne von 30 Stock Höhe* (ca. 30 m) *senkrecht in den Himmel... die Lava floss wie heißes Wasser...". „.... Man sieht jene Wassersäulen, deren Form wie ein Kegel ist und deren Farbe wie Asche ist, und zusammen mit dem Weiß des Dampfes sieht man ihre Schatten aus einer Entfernung von eineinhalb Leguas oder zwei..."* Dies alles hörte am 23. Oktober auf, fing einige Stunden später wieder

Lava speichert Feuchtigkeit der Erde, welche für die Landwirtschaft von Nutzen ist.

an und hörte schließlich am 24. wieder auf. „...am 24. hörte das Wasser auf und der Rauch wurde weniger, dergestalt, dass aus dem Berg nur noch Rauch dringt...". Obwohl es bei diesen Ausbrüchen materielle Schäden gab, waren diese doch nicht so gewichtig.

Das Gebiet, das 1824 von Lava bedeckt wurde, ist heute größtenteils von einer sandigen Ebene, dem sogenannten *Jable*, bedeckt.

Zwischen 1831 und 1836 und im Jahre 1838 gab es weitere Krisen, die auf Wassermangel zurückzuführen waren. 1840 wurde eine Kommission gebildet, die Spendenaktionen für die Notleidenden organisierte, jedoch wurde die Situation nicht besser. Im Gegenteil, im Jahre 1847 wurde die Situation noch kritischer, denn die Trockenzeit wollte kein Ende nehmen. Auch im 20. Jahrhundert hat es viele Trockenzeiten gegeben. Wassermangel ist der Hintergrund, auf dem sich das Leben auf Lanzarote abspielt. Schwere Stürme mit starken Regenfällen sind selten. Die letzten, die Überschwemmungen verursachten, fanden im Jahre 1935 statt.

Das „Überdruckventil" für die dauernden Krisen auf der Insel war bis zum Anfang dieses Jahrhunderts die Emigration. Die ersten Wanderbewegungen fanden in Richtung Gran Canaria und Teneriffa statt, später zogen die Emigranten zum amerikanischen Kontinent, vor allem nach Argentinien, Paraguay, Venezuela, Kuba und Mexiko.

Die europäischen Mächte kämpften Ende des 19. Jh. um internationale Märkte und das Ergebnis war die Konferenz von Berlin, bei der eine neue Aufteilung der internationalen Märkte beschlossen wurde. Europa teilte sich den afrikanischen Kontinent und die USA dominierten den amerikanischen Markt, was den Inseln erneut eine wichtige, internationale Rolle zuspielte. Auch im Ersten Weltkrieg nahmen die Inseln eine strategische Position ein, vor allem was den deutsch-englischen U-Boot Krieg betraf.

Gegen Ende des 19. Jh. wurde die politische Macht von der liberalen Partei unter dem Vorsitz ihres Gründers Fernando León Castillo gehalten, die das politische Leben völlig kontrollierte. Mit Beginn des neuen Jahrhunderts, im Jahre 1900 genau, entstand die Arbeitervereinigung der Kanarischen Inseln, Vorläufer der späteren Arbeiterbewegungen auf den Inseln. Es entstanden ebenfalls politische Parteien mit republikanischem Charakter und in den Jahren 1917 und 1919 wurden die Sozialistische Spanische Arbeiterpartei (PSOE) und die sozialistische Gewerkschaft UGT gegründet, die ab diesem Zeitpunkt entscheidend in das politische Leben des Archipels eingriffen.

Ährenfeld auf Sand und Picon Boden bei Muñique.

Mit dem Fall der Diktatur des Generals Primo de Rivera im Jahre 1931, bei dem auch gleichzeitig die Monarchie des Königs Alfons XIII. zu Fall kam, wurde Spanien zur Republik. Es begann eine politisch sehr bewegte Zeit, die 1936 mit dem Staatsstreich des Generals Franco endete und eine 40-jährige faschistische Diktatur unter diesem „Führer" zur Folge hatte.

Nach dem Tod des faschistischen Despoten und nach einer Übergangsphase zur Demokratie bekamen die Kanarischen Inseln am 16. August 1982 ihr eigenes Autonomiestatut. Dieses Gesetz mit Verfassungsrang wurde vom spanischen Parlament verabschiedet und vom König Juan Carlos I. unterzeichnet.

Nach diesem Gesetz und als Zeichen der eigenen Identität erlangten die Inseln ihre Selbstverwaltung innerhalb des spanischen Staates. Seither übernahm die Kanarische Regierung die Aufgabe, die Interessen aller Kanarier, den ausgeglichenen, wirtschaftlichen Fortschritt der Inseln und die Solidarität unter den Inseln und seinen Bewohnern zu verteidigen und zu fördern.

Die Kanarischen Inseln bestehen aus den sieben Inseln Hierro, Fuerteventura, Gran Canaria, La Gomera, Lanzarote, La Palma und Teneriffa sowie aus den kleineren Inseln Alegranza, La Graciosa, Lobos, Montaña Clara, Roque del Este und Roque del Oeste, die verwaltungstechnisch Lanzarote zugeordnet sind, außer Lobos, das zu Fuerteventura gehört. Der Archipel hat zwei Verwaltungssitze, nämlich Santa Cruz de Tenerife und Las Palmas de Gran Canaria. Das Parlament, das nach freiem, geheimem, gleichem und universellem Wahlrecht gewählt wird, tagt in Santa Cruz de Tenerife. Die Fahne der Autonomen Region Canarias besteht aus drei gleichgroßen, senkrechten Streifen, deren Farben, vom Mast gesehen, weiß, blau und gelb sind. Canarias hat auch ein eigenes Wappen.

Das Territorium jeder Insel ist seinerseits in Gemeindegebiete (*Municipios*) unterteilt. Die einzelnen Inseln haben eine Inselverwaltung (*Cabildo*) und die Gemeindegebiete eine Gemeindeverwaltung (*Ayuntamiento*=Rathaus). Die *Cabildos* unterstehen der Kanarischen Regierung.

Lanzarote hat sieben Gemeindegebiete: Arrecife, Haría, Teguise, San Bartolomé, Tías, Tinajo und Yaiza. Arrecife ist die Inselhauptstadt.

Wirtschaft. Vor der Eroberung durch die Kastilier basierte die lanzarotenische Wirtschaft hauptsächlich auf der Landwirtschaft und der Viehzucht, abgesehen vom Sammeln von Früchten und Meeresfrüchten und der Fischerei. Hauptprodukte der Landwirtschaft waren Gerste (lanz.: *Tamoyen*), Weizen und Saubohnen. Das Vieh bestand hauptsächlich aus Schafen, Ziegen und Schweinen. Was die Meeresfrüchte angeht, so hat man zahlreiche Schalenreste in Fiquinineo und Zonzamas gefunden, unter denen hauptsächlich die Napfschnecken (*Patella sp*) vertreten sind.

In den verschiedenen Epochen seit der Eroberung haben verschiedene Anbauprodukte, je nach Außenmarkt, die Insel beherrscht. Jeder Epoche kann ein bestimmtes Produkt zugeordnet werden, das Kapital, Arbeitskräfte und Transportmittel mit sich bringen sollte. Alle Zyklen verliefen gleich: Einführung und Akklimatisierung des Produkts, Konsolidierung des Anbaus, Hochkonjunktur, Verfall der Wirtschaft durch Veränderungen auf den Außenmärkten und Wirtschaftskrise.

Hier eine kurze Chronologie der wichtigsten Exportprodukte:

16. Jh.: Orseille/Pflanzenfarbstoff
17. Jh.: Wein
18. Jh.: Salzkraut/Sodapflanzen
19. Jh.: Schildläuse/Koschenillen
20. Jh.: Zwiebeln

Orseille ist ein Farbstoff, der aus bestimmten Flechten gewonnen wird, die auf vulkanischen Steinen und Felsen an der Küste wachsen. Man findet sie auf der Nordseite, wo sie genügend Feuchtigkeit und Salz bekommen, die für ihre Entwicklung unerlässlich sind. Die Orseille ist 5-10 cm groß, länglich und hat eine weißlich-graue Farbe.Sie wurde gesammelt und als Farbstoffgrundlage exportiert.

Wein wurde und wird hauptsächlich in der Gegend von La Geria angebaut, und zwar auf natürlichen oder künstlichen Vulkanascheböden. Die ersten Reben wurden aus dem westlichen

Orseille (Orchilla)

Weinstock in einem Lavaloch.

Die Rebe, die sich am besten an die Gegebenheiten anpasst ist die *Malvasía*-Rebe, eine sehr süße und blumige Art mit großen, ovalen Trauben.

Nach Angaben von Álvarez Rixo begann man in den Jahren 1785-86 mit dem systematischen Anbau von Salzkraut (*Barrilla*), jedoch ist unbekannt, wer den Samen auf die Insel brachte. Es handelt sich um eine Pflanze, die, ebenso wie der sogenannte *Cosco*, gesammelt, getrocknet und verbrannt wurde, wobei schwärzliche, kompakte Steine entstanden, die sogenannten Salzkrautsteine. Sie wurden in diesem Zustand nach England exportiert, wo man aus ihnen Soda für die Seifenherstellung gewann. Ab dem Jahr 1810 begann die Produktion dieser Pflanze stark abzufallen.

Die Koschenille oder Schildlaus (*Dactylocus cocus*) ist ein Parasit, der auf den Blättern des Feigenkaktus gedeiht. Die Zucht geht folgendermaßen vonstatten: Man setzt den Parasiten auf ein Blatt des Feigenkaktus und wartet, bis er Eier legt. Dies geschieht im Frühling. Die erwachsenen Läuse werden im Sommer oder Herbst geerntet. Danach werden sie getrocknet und sortiert. Beim Ernten, einer harten und gleichzeitig filigranen Arbeit, werden eine Art Löffel mit

Mittelmeerraum geholt. Ihr Überleben ist auch ein Erbe aus besseren Zeiten in der Vergangenheit.

Die verschiedenen Rebsorten werden oft gemischt in derselben Gegend angebaut, oft sogar im selben Weinberg. Die Produktion des Weinstocks hängt vom Klima und von den Böden ab. Anhaltender, trockener Wüstenwind kann eine Ernte zerstören, oder fehlende Niederschläge können dazu führen, dass der Weinstock wenige, aber zuckerreiche Früchte trägt, was zu einer Steigerung des Alkoholgehalts des Weins führt. Zuviel Regen kann zu einer Häufung von Krankheiten und Schädlingen führen.

Weinkeller im Landwirtschaftsmuseum El Patio. Tiagua.

---

länglichem Ende und ein kleines, gebogenes Blech benutzt. Aus den Schildläusen gewinnt man einen wertvollen, roten Farbstoff, der bei der Herstellung von Lippenstiften und beim Färben von Stoffen verwendet wird.

Im Jahre 1826 wurden sie mit Hilfe eines königlichen Dekretes aus Mexiko als Experiment eingeführt. Es wurde ein spezielles Akklimatisierungszentrum für Schildläuse gegründet, in dem man die Zucht dieser Parasiten erlernen konnte. Die Zucht wurde subventioniert, was die Produktion merklich steigerte.

Der Prozess von Absatz- und Preissteigerungen auf den internationalen Märkten fand in den Jahren 1851/52 seinen Höhepunkt. Das schnelle Anwachsen der Anbauflächen, zusammen mit der Erfindung des künstlichen Farbstoffes Anilin führte zu einem schnellen Preisverfall. Überreste jener Plantagen findet man noch bei Güatiza und Mala, wo man mit Freude sieht, dass neuerdings ökologische Produkte ohne künstliche Farbstoffe und Additive wieder einen Markt in Europa haben.

Heutzutage sind Zwiebeln, zusammen mit Wein, die wichtigsten Anbauprodukte. Ihr Anbau erfolgt auf natürlichen und künstlichen Aschefeldern. Des Weiteren angebaut werden Bataten - die Ende des 19. Jh. aus Amerika eingeführt wurden - ebenso wie Tomaten, Knoblauch, Wassermelonen und Melonen. Abgesehen von der Landwirtschaft, die sich auf Export spezialisiert, gibt es auch eine Subsistenzwirtschaft und einen Austausch zwischen den Inseln (Getreide).

Für den Eigenverbrauch werden Hülsenfrüchte, Gemüse, Obst und Knollenfrüchte angebaut. Auch heutzutage wird aus Gerste, Weizen und *Millo* (Mais, von den Eroberern aus Amerika eingeführt) noch der sogenannte *Gofio* hergestellt (geröstetes Getreide, das später gemahlen wird).

Ein wichtiger Faktor in der Wirtschaft waren die Kamele (Dromedare), vor allem wegen ihrer Genügsamkeit. Sie wurden hauptsächlich in der Landwirtschaft eingesetzt und heutzutage im Tourismus. Im Moment gibt es ca. 420 Kamele, bedeutend weniger als früher. Dieses Tier, das zwischen 20 und 30 Jahre alt wird, wurde Mitte des 14. Jh. eingeführt.

Auch die Fischerei war ein wichtiger Wirtschaftsfaktor, der seinerseits den Bau von zahlreichen Salinen begünstigte. Aufgrund der Wichtigkeit dieses Sektors in der Wirtschaft und der Ökologie der Insel, wird sie in einem eigenen Kapitel behandelt.

Das Salz mit seinen vielen Anwendungsmöglichkeiten spielte eine entscheidende Rolle in der Entwicklung der Wirtschaft. In Lanzarote gibt es 24 Salinen, von denen nur noch zwei in Betrieb sind: Die Salinen von El Janubio in Yaiza und die Salinen von Los Agujeros in Guatiza.

Im Laufe dieses Jahrhunderts beginnt der kanarische Archipel seine wirtschaftlichen Möglichkeiten im Tourismus zu entdecken, vor allem begünstigt durch Berichte von Handelsreisenden, die die günstigen klimatischen Bedingungen und ihre positiven Auswirkungen auf bestimmte Lungenkrankheiten überall in der Welt anpreisen. Schon in den Jahren 1900-1914 werden Sport- und Fremdenverkehrsclubs und Organisationen gegründet wie der Real Club Tinerfeño oder die Sociedad de Fomento de Gran Canaria, jedoch beginnt der eigentliche Aufschwung in diesem Sektor erst in den 60er Jahren des 20. Jahrhunderts.

Salzkraut (Barrilla)

Wassermelonen auf Aschefeldern vor Getreideähren.

Die Salinen de los Agujeros an der Küste bei Guatiza.

Heutzutage ist der Tourismus Aushängeschild und weitaus wichtigste Einnahmequelle der Insel, die vor allem während der Jahre 1960-1982 zu einem Reiseziel für Touristen aus der ganzen Welt wurde.

Sitten und Gebräuche. Viele Sitten und Gebräuche der Ureinwohner wurden von den Chronisten der Eroberungszeit überliefert. Viele dieser Erzählungen handeln von Mythen, Riten und Legenden und heutzutage ist es sehr schwer zu unterscheiden, wo die Mythen aufhören und die Realität beginnt.

Auch heute noch kann man Trauzeremonien im alten Stil beobachten. Schwangere, die eine Fehlgeburt fürchten, trinken Wasser mit echtem Lavendel und von der Geburt des Kindes bis zu seiner Taufe brennen Kerzen und man singt alte Wiegenlieder.

Früher, wenn die Lanzarotener sich versammelten, sei es bei einem Fest oder aufgrund geschäftlicher oder familiärer Angelegenheiten, erzählten sie romantische Geschichten, Legenden oder machten mehr oder weniger sarkastische Ratespiele. Am weitesten verbreitet waren jedoch Spiele, bei denen jemand spontan verbal herausgefordert wurde und so schnell und witzig wie möglich antworten musste. Dabei ging es um alle möglichen Themen und applaudiert wurde vor allem wegen Witzigkeit und Esprit seitens des Fragenden und Schnelligkeit und Improvisationskunst seitens des Antwortenden. Manchmal endeten diese Spiele im Eifer des Gefechts auch in mehr als verbalen Auseinandersetzungen.

Anhand dieser Geschichten, die mündlich von Vater zu Sohn oder von Großvater zu Enkel überliefert wurden, erfährt man, wie die Inseleinwohner über die Liebe, das Leben, den Tod, die großen Naturkatastrophen, die Emigration (auf andere Inseln oder ins Ausland), die Religion, die Kirche, das allgegenwärtige Meer, das Feld, die Lebenszyklen oder das subjektive Verstreichen der Zeit denken. Man lernt die jeweiligen Verhaltensmuster von Mann und Frau in der Gesellschaft kennen wie auch den Einfluss der heldenhaften Guanche-Vorfahren und deren Kampf gegen Eindringlinge, wie Piraten , Mauren, etc..

Dichter und Philosophen haben zahlreiche Zeugnisse über die Bedeutung der Kanarischen Inseln in der Vergangenheit hinterlassen. Sie wurden in Zusammenhang gebracht mit der mythischen Insel Atlantis von Plato, mit dem Ende der schiffbaren Gewässer von Herodot und mit dem verlorenen Paradies von Homer und Camoes... Später entstanden die Legenden der Guanchen, wie zum Beispiel die von Afche und die der Königin Ico. Es handelt sich um Heldenepen eines Volkes, das sein Überleben von Eindringlingen bedroht sah. Es entstanden Legenden, die von Piraten und Mauren auf den Inseln erzählen. Andere wiederum handeln von den ersten Herren der Inseln und führen uns auf legendären Wegen zurück in die Zeit der Eroberung und der Ausrottung der Eingeborenenkultur durch die Eindringlinge von der „Halbinsel" [Bezeichnung für Festlandspanien]. Auch die Vulkanausbrüche der Jahre 1730-36 und die Rolle der Schmerzensreichen Jungfrau bei derem Nachlassen sind Themen alter, überlieferter Geschichten. Andere Geschichten erzählen vom „Orakel des schwarzen Tales", wo sich Leute versammelten, um vom Teufel finstere Ratschläge zu erbitten. Man könnte diese Aufzählung unendlich fortsetzen.

Ein anderes interessantes Phänomen sind die sogenannten *Cabañuelas* oder Prophezeiungen und Wettervorhersagen, die aus alltäglichen Phänomenen die Zukunft herauslesen. Sie entstehen durch den engen Kontakt des Menschen mit der Natur, den Tieren und den Pflanzen und basieren auf der Beobachtung des Regens, der Dämmerung, der Gezeiten, der Wolken, des Windes, des Verhaltens der Tiere, des Ziegenmistes und der Kamelhaare. Diese Zeichen werden von einem guten Teil der älteren Bevölkerung immer noch ernsthaft interpretiert. Da das Wetter eine wichtige Rolle in der Landwirtschaft spielt, ist die Wettervorhersage immer noch ein wichtiges Thema. Einige Beispiele:

- Wolken auf Chinia, Winter am nächsten Tag, Wolken auf Tremesana, Winter nächste Woche.

- Nordwetter ist gutes Wetter; Wetter aus Fuerteventura bringt Regen; Wetter aus Afrika bringt Trockenheit und ist schlecht und macht die Leute ängstlich; leicht windiges Wetter ist, wenn der Wind auf La Graciosa bläst.

- Wenn der Horizont am Matthäustag, dem 21. September, klar ist, wird es ein gutes Jahr; bei Dunst und Nebel, ein schlechtes Jahr.

- Wenn im Herbst der Ziegenmist schnell zerfällt, dann wird es ein gutes Jahr.

Streichen mit Kalk: „Kalken".

- Am Johannistag (24. Juni) gingen alle sehr früh zum Strand, um 5 Uhr morgens, um die Gezeiten zu beobachten. Stieg die Flut, so war dies ein gutes Zeichen, ging das Meer zurück so kündigte sich ein sehr schlechtes Jahr an.

Von allen Tieren wird die Ziege am meisten beobachtet, um aus ihrem Verhalten Schlüsse zu ziehen. „Wenn die Ziegen Wind wittern, fangen sie an, sich zu streiten. Wenn schlechtes Wetter kommt, schwillt ihr Maul an."

Auch Fanatismus, Aberglaube und Hexerei existieren noch, wogegen die Heiligen angerufen, Gelübde abgelegt und Amulette getragen werden. Die landläufigsten Aberglauben beziehen sich auf Krankheit und Tod, aber es gibt auch „gute" Zeichen:

„Es ist eine Sünde, die Vögel der Heiligen Jungfrau (Bachstelzen) zu töten, denn sie verwischten die Spuren auf der Flucht nach Ägypten, damit die Juden sie nicht finden konnten."

„Ein Haus mit einer Akazie zieht Unglück an."

„Wachteln auf dem Feld sind ein gutes Zeichen."

„Wiedehopfe auf den Feldern stehen für eine gute Ernte und Glücklichsein."

„Personen mit weißen Flecken auf den Fingernägeln sind Lügner."

„Wer Warzen bekommt, der hält sich damit auf, nachts die Sterne zu zählen."

Gelübde werden normalerweise im Zusammenhang mit Kerzen oder Wachsfiguren abgelegt. In manchen Kapellen kann man Hände, Arme, Köpfe und Tiere aus Wachs sehen. Meistens sind es Frauen, die diese Gelübde ablegen. Der Heilige Rochus soll vor ansteckenden Krankheiten schützen, der Heilige Isidor soll die Aussaat schützen, der Heilige Andreas soll Regen schicken, die Heilige Luzi soll bei Augenleiden helfen, die Heilige Jungfrau der Guten Reise soll die Matrosen schützen und so könnte man die Aufzählung weiterführen mit mehr als zwanzig Heiligen.

Alle möglichen Medaillen mit Heiligen und Madonnen, Medaillons, Stücke aus dem Evangelium und andere Gegenstände mehr waren und sind die meistbenutzten Amulette.

Die „Volksmedizin" hat ebenfalls viele Mittel gegen die bekanntesten Krankheiten entwickelt. Diese basieren hauptsächlich auf Aderlassen, Kräutertees, Einreiben mit Salben, Kräuterextrakten, Spülungen und Einläufen, Pflastern und anderen „Gebräuen", die Krankheiten heilen sollen, wie z. B. Lungenentzündung, Muskelschwäche,

Schnupfen, Durchfall, Augenleiden, Kopfschmerzen, Verbrennungen und viele andere mehr. Besonders zu erwähnen sind Zahnschmerzen, die mit den Innereien von Kakerlaken geheilt werden. Wenn jemand über längere Zeit Zahnschmerzen hat, dann nur, weil er die Kakerlaken-Kur nicht lange genug gemacht hat.

Zum Abschluss noch zwei Volksweisheiten: „Wer im September Brot hat, der sollte säen" und „Kein Kamel sieht seinen eigenen Buckel". Und ein kleines Rätsel:

Es geht, und hat doch keine Füße, es isst und hat doch keinen Mund, und alles Essen der Welt erscheint ihm zu wenig.   Was ist das?

Feste. Praktisch alle Feste, die im Moment gefeiert werden, haben mit alten Traditionen zu tun. Jedes Dorf feiert einmal im Jahr das Fest der/des Schutzheiligen, von dem die Dorfkirche ihren Namen bekommen hat.

Die Volksfeste sind eine der wenigen Gelegenheiten, bei denen man die Spontaneität, Einfachheit, Freigiebigkeit und Solidarität der Leute kennenlernen kann. Neue Kleider werden gekauft, Fassaden werden gekalkt, Türen gestrichen, Plätze mit Zweigen und Blumen geschmückt, Tiere geschlachtet, Feste organisiert, Süßigkeiten und Festessen gemacht und man geht an den Strand um sich zu amüsieren. Bei diesen Gelegenheiten treten die *Parrandas* in Aktion, die traditionellen Folkloregruppen, die mit *Isas, Folías, Seguidillas* und *Malagueñas* zum Tanz aufspielen.

Die wichtigsten Feste mit religiösem Charakter sind zu Ehren der Schutzheiligen der Insel. Am Tag des Hl.Martial (7. Juli) in Femés feiert man das erste Heiligenbild, das auf die Insel kam und am 15. September ist das Fest der Schmerzensreichen Jungfrau oder der Jungfrau der Vulkane in Mancha Blanca in der Gemeinde Tinajo, um ihr für die Rettung der Bevölkerung bei den Ausbrüchen von 1730-36 zu danken.

Im November, dem Monat der Toten und des neuen Weins, bildeten sich Gruppen, die *Ranchos de Ánimas* genannt wurden. Diese sammelten Geld bei fröhlichen Festen, um damit Messen für die Toten zu bezahlen und die Traurigkeit zu überspielen. Diese alte Sitte ist praktisch ausgestorben.

Am 13. Dezember, dem Tag der Hl.Luzi, fanden die „Spiele der Heiligen" statt, ein Spiel mit Worten, deren Spieler mit dem Verlust von Kleidungsstücken bestraft wurden. Vor allem in Yaiza und Tinajo war dieses Fest sehr wichtig. Leider sind auch diese Spiele so gut wie in Vergessenheit geraten. Neuerdings werden diese Spiele wieder in Tías veranstaltet, um ihnen neues Leben einzuhauchen.

In der Weihnachtszeit kann man ebenfalls viele Beispiele für die Folklore der Insel erleben. Man veranstaltet Krippenspiele, man singt Weihnachtslieder, die an die Melodien der *Folías* und *Isas* der Insel adaptiert wurden und man bildet Gruppen, vor allem in Teguise und San Bartolomé, die *Ranchos de Pascua* genannt werden und eine Abart der oben erwähnten *Ranchos de Ánimas* sind. Allerdings sammeln diese kein Geld sondern fungieren einzig und allein als Musikgruppen, die hauptsächlich Weihnachtslieder singen.

In Femés, einem Ort mit langer Hirtentradition, organisierten die Hirten sogenannte *Posadas*. Sie gingen von Haus zu Haus und baten um Essen und Unterkunft für Josef und María. Eine weitere Eigenheit des Ortes Femés ist die sogenannte *Hoguera* ein großes Feuer, bei dem eine schwarze Puppe mit Ziegenbock-Hörnern, Kamelmist, Eselsmist und viel Salz als Symbole des Bösen verbrannt wurden.

Im Februar wird Karneval gefeiert. Für die Kanarier ist es ein Fest des Transvestismus, der Befreiung der unterdrückten Wünsche, des Zurückkehrens in die Kindheit, der Zeitreise ins Alter und der Kritik an öffentlichen Persönlichkeiten. Viele schließen sich in Karnevalsvereinigungen (*Murgas*) zusammen, die unter anderem satirische Lieder komponieren und zum Besten geben. Der Karneval dauert drei Tage und endet am Aschermittwoch mit der Beerdigung der Sardine. Die wichtigsten Veranstaltungen finden in Arrecife statt und die bekannteste Gruppe (*Parranda*) ist Los Buches. Bekleidet mit traditionellen Trachten, die Gesichter maskiert mit Netzen, läuft diese Gruppe durch die Straßen und verteilt nach allen Seiten Schläge mit getrockneten und aufgeblasenen Fischblasen. Diese *Parranda* ist das einzige Überbleibsel aus dem alten Karneval von Arrecife. Ihre Gesänge stammen aus dem reichen Repertoire der Fischer von Arrecife. Hier einige Strophen:

Vorbei ist der Karneval,
Gut› Ding dauert nicht lange,
jetzt heißt es fasten,
und vor dem Beichtstuhl die Schlange.
...

Komm, braunes Mädchen, zu meinem Lager,
und stille diesen Schmerz,
meine Seel› hört auf zu leiden,
drückst Du mich an Dein Herz.

Auch die Karnevalsveranstaltungen von Las Breñas bei Yaiza sind sehr bekannt. Im Dorf werden die Haustüren geöffnet, um die Leute willkommen zu heißen. Verkleidete Kinder gehen von Haus zu Haus und machen Scherze, wofür sie ein kleines Geschenk erhalten, das sie in einem Körbchen aufbewahren. Wichtige Festtage im Jahr sind San Juan mit den traditionellen Johannisfeuern, San Andrés und San Martín. Früher fielen diese Feste zusammen mit der Ernte, der Weinernte und dem Schlachten des Viehs.

Das Fest von San Juan am 24. Juni wird besonders intensiv gefeiert und besteht aus vier Phasen: dem Vorabend, dem Morgengrauen, dem Morgen und dem Nachmittag. Am Vorabend trägt man Reisig und trockener Dornlattich zusammen, um die Feuer zu entzünden und zu unterhalten. Man röstet Maiskolben und Bataten, man trinkt Wein und springt durch das Feuer. Man macht auch

Fronleichnamsprozession in Tinajo auf buntem Salz.

die sogenannten *Agüeros*, das sind Prophezeiungen für Mädchen im heiratsfähigem Alter, um den Namen, den Beruf, die soziale Position etc. des Zukünftigen zu erraten. Im Morgengrauen pflückt man medizinische Pflanzen, macht Heilungen, sagt das Wetter voraus und „reinigt" die Häuser mit Blütenwasser. Der Morgen ist für die Teilnahme an religiösen Zeremonien bestimmt. Am Nachmittag geht man an den Strand und eröffnet so die Saison der heilsamen Bäder im Meer. Dieses Untertauchen im Wasser mit medizinisch-prophylaktischem Ziel, zu dem auch die Tiere mitgenommen wurden, geht wahrscheinlich auf die Zeit der Ureinwohner zurück. Der Tag endet mit einem Tanz im Dorf oder in Soo bei Teguise, dessen Schutzpatron San Juan ist.

Andere wichtige Feste auf der Insel sind die Prozession der Hl. Jungfrau von Teguise am 5. August, das Fest des Hl. Rochus (San Roque) am 16. August in Tinajo und das Fest der Hl. Jungfrau von der Immerwährenden Hilfe, am 8. September in Yaiza. Fast alle anderen Patronatsfeste der Insel fallen in die Sommermonate, denn in diesen wurde traditionell am wenigsten in der Landwirtschaft gearbeitet.

Alle traditionellen Feste, ebenso wie alle anderen kulturellen Bräuche, verändern sich und unterliegen einer starken, kulturellen Vereinheitlichung. Der einzigartige, kollektive und intime Charakter geht verloren und macht einem massiven Zustrom von Besuchern Platz, die sich bei den Volksfesten amüsieren wollen.

Wie schon vorher erwähnt, sind Musik und Tanz wichtige Bestandteile dieser Feste. Die heutige Folklore ist eine Mischung aus Elementen aus der Zeit vor und nach der Eroberung und aus Anpassungsprozessen, die im Lauf der Zeit stattgefunden haben.

Von der Musik der Ureinwohner weiß man sehr wenig. Ihre Instrumente waren primitive Schlaginstrumente für Hände und Füße sowie Rasseln aus aufgereihten Schalen von Schnecken und Napfschnecken. Nach der Eroberung kamen neue Instrumente auf die Insel: Tamburine, Triangeln, Kastagnetten, Rasseln aus Zuckerrohr und andere, und später kamen dann die Gitarren, zwölfsaitige Gitarren, Lauten und Timplen. Die Timple ist das typischste Instrument der kanarischen Folklore. Man nennt ihn auch *Camellito* (kleines Kamel) und er ist eine Abwandlung der kleinen iberischen Gitarre mit länglichem, engem Körper und abgerundetem Bauch. Je nach Insel können die Zahl der Saiten und die Tonlage variieren.

Nachempfundene Wohnküche, Landwirtschaftsmuseum El Patio.

Ein ebenfalls unentbehrliches Instrument in der kanarischen Folklore ist das Akkordeon oder *Forito*.

Mit den neuen Instrumenten entstanden auch neue Tänze und Gesänge:

- **Isas**. Hier handelt es sich um relativ neue Gesänge und Tänze (40er-50er Jahre), die auf alte lanzarotenische Elemente zurückgreifen. Beim Tanz benutzen die Männer einen Stock, an dessen Ende ein traditioneller Wollrucksack baumelt.

- **Malagueñas**. Trauergesänge, bei denen es meistens um die Liebe zur Heimat oder zur toten Mutter geht. Es handelt sich um eine Abart des andalusischen Fandango. Nach jedem Solo singt ein Chor den Refrain. Der Tanz wird hauptsächlich von Solisten übernommen. Der Mann führt die Frau oder Frauen im Verlauf der Choreographie.

- **Folías**. Eine der beliebtesten Formen der Foklore, die sich aus einem barocken Tanz aus dem 17. und 18. Jh. herleitet. Sie besteht aus zwei Teilen mit jeweils acht Takten, die sich mit Variationen wiederholen. Der Tanz wird von nur einer Person aufgeführt, die sich selbst mit Kastagnetten begleitet.

- **Seguidillas**. Sie sind als literarische Form seit Mitte des 15. Jh. bekannt. Als musikalische Darbietung kennt man sie seit der Zeit der Katholischen Könige (Ende des 15. Jh.). Sie werden von mehreren Solisten (soviele man will) in einer Sequenz gesungen und zwischen den Soli gibt es keine musikalischen Zwischenstücke.

- **Sorondongas**. Sie stammen von einem Kinderspiel des 16. Jh. Männer und Frauen tanzen im Kreis, in dessen Zentrum abwechselnd jemand mit einfachen Bewegungen tanzt.

- **Sarandas**. Obwohl sie aus den 70er Jahren unseres Jahrhunderts stammen, gehören sie schon zur lanzarotenischen Tradition. Der Tanz wird um eine *Saranda* herum aufgeführt, einem landwirtschaftlichen Utensil für die Lüftung des Heus. Die *Saranda* wird von Männern und Frauen abwechselnd hochgehalten und man imitiert Bewegungen, die bei der Landarbeit ausgeführt werden.

Außer bei den Patronatsfesten spielte die Folklore eine wichtige Rolle bei Tanzveranstaltungen, die *Baile de Candil* genannt wurden. Diese Tanzveranstaltungen fanden in kleinen Sälen statt, die nur von einer kleinen Öl- oder Talglampe (*Candil*) beleuchtet wurden. Die Musik wurde von kleinen *Parrandas* gemacht. Eine Variante waren die sogenannten *Bailes de San Pascual*, zu Ehren des Heiligen Pascal des Tänzers, bei denen eine Kerze mit einer Schleife in der Mitte des Raumes stand. Erst forderten die Männer die Frauen auf, und wenn die Flamme die Schleife erreicht hatte, war Damenwahl. Wenn der Raum sehr klein war, mussten die Männer eine *Taifa* (Tarif) bezahlen, um mit einer Frau tanzen zu dürfen. In diesem Fall hießen die Feste *Baile de Taifas*. In Lanzarote nannte man diese Feste auch *Baile de Gobernadores*, denn es gab immer eine Person (*Gobernador*) mit einem Stab, die Aufsicht führte und Streitigkeiten unter den Männern verhinderte oder schlichtete. In bestimmten Momenten verstummte die Musik und man stimmte herausfordernde Lieder zwischen Männern und Frauen oder nur unter Männern an.

In den 40er Jahren begannen diese Feste immer seltener zu werden jedoch haben Folkloregruppen wie Agrupación Ajey (gegr. 1940) und die Agrupación Los Campesinos (gegr. 1970) sehr dazu beigetragen, dass dieses Kapitel nicht im geschichtlichen Teil dieses Buches abgehandelt wird.

Traditionelle Spiele. Dank der Recherchen von Interessierten, haben einige traditionelle Spiele den Lauf der Zeit überlebt.

Zu den wichtigsten heute noch praktizierten Spielarten, zählen folgende: Kanarischer Ringkampf, Stockkampf, Steinwerfen und Ausweichen, Hirtensprung, Lanzensprung, Lateinsegel, Schiffchen, Boule, Gewichtziehen mit Ochsen und Pflugstemmen. Viele dieser Spiele wurden schon von den Ureinwohnern gespielt und hatten fast immer mit landwirtschaftlichen oder kriegerischen Aktivitäten zu tun. Es gibt viele Parallelen zu Spielen anderer Völker. Einige Spiele kamen erst nach der Eroberung durch die Europäer ins Land. Mit Sicherheit wurden das Pelota-Spiel und das Boule-Spiel erst im 15. Jh. von den Eroberern auf die Inseln eingeführt.

Auch viele Brett- und Tischspiele werden auf den Inseln praktiziert. Die bekanntesten sind *El Seiseño*, *El Tute*, *La Politana*, *La Primera*, *El Burro*, *La Brisca* und *El Truco*.

Die Herkunft der meisten Brettspiele und Ratespiele geht auf magische Rituale zurück. Es sind Spiele, bei denen der Zufall eine wichtige Rolle spielt und bei denen der Spieler einen sehr begrenzten Einfluss auf das Spielgeschehen hat. Meistens stehen sie in Verbindung mit einem Ritual, das die verschiedenen Phasen und Zonen des Spiels erklärt. Dabei geht es oft um wichtige Persönlichkeiten, das Abhalten von Parallelzeremonien, magische Regeln, bestimmte Materialien etc...

Boule-Spiel im Dorf Caleta de Famara.

Traditionelle Spiele und Sportarten sind immer auch ein Spiegel der Wertvorstellungen eines Volkes, die sich mit der Zeit und den kulturellen Veränderungen weiterentwickeln oder verloren gehen. Trotzdem haben sich viele erhalten, denn sie haben auch die Aufgabe, zu zeigen, wer der Beste in seinem Bereich ist und haben somit die Aufgabe, den Spielern oder Sportlern zu Ruhm und Prestige zu verhelfen. Da interessante Wettkämpfe mit Wetten und vor allem Werbung Hand in Hand gehen, haben einige Sportarten in letzter Zeit ein gewisses wirtschaftliches Interesse geweckt und Sportlern, wie zum Beispiel Ringern im Kanarischen Ringkampf, zu einem beträchtlichen sozialen Aufstieg verholfen.

Heute sind die alten Spiele nach einem langen und zähen Kampf ums Überleben, in Mode gekommen und somit oftmals in den lanzarotenischen Dörfern bei Festen zu beobachten. Das Spiel, das wohl am meisten praktiziert wird und überall zu finden ist, ist das Boule-Spiel.

Kunsthandwerk. Wie bei vielen alten Völkern, so spielte auch bei den Ureinwohnern von Lanzarote die Töpferei eine wichtige Rolle im täglichen Leben. Töpfe und Schüsseln aus Ton wurden zur Aufbewahrung von Lebensmitteln, zum Kochen oder zum Transport benutzt. Abreu Galindo hat uns überliefert: *".... und sie aßen aus irdenen Gánicos, ähnlich wie große Schüsseln, die an der Sonne getrocknet waren...".*

Vor der Einführung der Töpferscheibe war auch die lanzarotenische Keramik, wie die auf den restlichen Inseln, von niedriger Qualität. Auf einer Basis aus Ton, der oft mit Lehm, Steinen oder Muschelschalen vermischt war, wurden mehrere Tonzylinder aufgesetzt, bis die gewünschte Höhe erreicht war. Danach wurden die Gegenstände geglättet, um ihnen mehr Festigkeit vor dem Trocknen zu geben. Die Dekoration wurde eingeritzt und war sehr simpel. Meist waren es parallele, horizontale oder vertikale Linien, Dreiecke oder Zick-Zack-Linien.

Außer der Töpferei gibt es noch viele andere Handwerke auf der Insel, wie zum Beispiel das Bearbeiten von Holz, Stein, Metall, Blech, Palmenzweigen, Schilf, Zuckerrohr, Binsen und Agaven sowie die Herstellung von Stoffen mit Hilfe alter, traditioneller Techniken. Diese von Generation zu Generation überlieferten Techniken gehören heute zum Erbe dieser Insel.

Es gibt überall auf der Insel Kunsthandwerker und Geschäfte, wo man ihre Waren kaufen kann. Die meisten findet man jedoch in Arrecife und in den Touristenzentren. Für diejenigen, die den Herstellungsprozeß beobachten wollen, geben wir im Folgenden einige Hinweise. Um die genaue Adresse bzw. Lage der Werkstätten zu erfahren, ist es besser, im Ort selbst zu fragen.

Für Arbeiten in Stein (behauene Steine, Kühl- und Destillierkessel für Wasser, Skulpturen, etc...) gibt es Werkstätten in Haría, Teguise und San Bartolomé.

Für Holzarbeiten (landwirtsch. Gegenstände, Timplen, Fässchen etc...) gibt es Werkstätten in Haría, Teguise, San Bartolomé, Vegueta, Yaiza und Playa Blanca.

Handwerker, die Blech bearbeiten (*Lateros*) gibt es nur noch zwei: einen in Teguise und einen in Arrecife.

Für Arbeiten aus Palmenzweigen, Binsen, Zuckerrohr oder Agavenfasern (Körbe, Besen, Matten, Puppen, Hüte, etc...) muss man nach Máguez, Haría, Punta Mujeres, Los Valles, Teguise, Tinajo, San Bartolomé, Arrecife, La Asomada, Mácher oder Yaiza fahren oder zum Museum beim Bauerndenkmal.

Kleiderstoffe (Spitzen, Borten, Makramé, Gehäkeltes, Gesponnenes, etc...) findet man in Máguez, Haría, Punta Mujeres, Los Valles, Teguise, Tinajo, Bauerndenkmal, San Bartolomé, Arrecife, La Asomada, Mácher und Yaiza.

Jeden Sonntag ist morgens Markt in Teguise, wo man außer den typischen Flohmarktartikeln auch echtes Kunsthandwerk finden kann. Wenn man nicht genau das findet, was man sucht, so herrscht dort doch ein interessantes Ambiente.

Gastronomie. Aus klimatischen und traditionellen Gründen sind die Speisen auf der Insel eher einfach. Sie basieren auf Fisch, Meeres- und Feldfrüchten, die mit bestimmten Tunken und Soßen gegessen werden.

Zu fast allen kanarischen Speisen wird eine Beigabe gereicht, die es schon seit Jahrhunderten gibt: der sog. *Gofio*. *Gofio* ist nichts Anderes als geröstetes Mehl. Der *Gofio amasado* besteht aus *Gofio*, der mit Wasser, Milch, Fischbrühe, Honig oder Wein in einer Ziegenhaut oder in einem Topf gemischt wird. Normalerweise besteht der *Gofio* aus einer Mischung von Weizen und Gerste, aber es gibt ihn auch als grobes, geröstetes Maismehl, bekannt unter dem Namen *Gofio de millo*.

Andere typische Beigaben und Vorspeisen sind: die *Papas arrugadas*, kleine Pellkartoffeln, die mit wenig Wasser und viel Salz gekocht werden. Man tunkt sie in eine rote Chili-Soße, die *Mojo picón* genannt wird.

Der *Queso majorero* ist ein außerordentlich guter Ziegenkäse.

Die *Pejines* sind kleine Fische aus der Familie der Sardinen, die nach dem Trocknen an der Sonne im Ofen oder auf dem Grill geröstet werden oder einfach auf offener Flamme erhitzt werden.

Molusken. Es gibt Miesmuscheln, Napfschnecken und andere Schalentiere, gedünstet oder in Essigsoße.

Schalentiere. Seespinnen, Krebse, Königskrabben, Langusten und Entenmuscheln.

Gebratenen Oktopus und Sepia.

Papageienfisch vom Grill. Der Fisch wird gewaschen, ausgenommen, aufgeschnitten und 24 Stunden an der Luft getrocknet.

Herstellung von Hüten aus Palmengeflecht.

Juan Brito in seiner Werkstatt im Bauernmuseum.

Bei den klaren Suppen und Brühen sind vor allem die Fischbrühe, die Kartoffelbrühe mit Ei und die Maisbrühe zu erwähnen.

Zu empfehlen sind zudem die Brotsuppe, die Zucchini-Creme- und die Erbsensuppe.

Es gibt auch herzhafte Eintöpfe: *Puchero Canario* mit grünen Bohnen oder Kichererbsen, und Gerichte, deren Hauptzutaten die folgenden sind: Napfschnecken, Kaninchen, Huhn, Zunge, Kabeljau, gebratener Fisch, Hähnchen, Barsch, Oktopus, Wildtaube oder junge Ziege.

Als Beispiel hier das Rezept für einen Ziegenbraten: Das Zicklein in Stücke schneiden und in eine Salzbrühe legen und anschließend braten. Währenddessen brät man ein paar Stücke angefeuchtetes Brot mit etwas Knoblauch, löscht mit Wasser ab, gibt etwas Essig, zerstampften schwarzen Pfeffer und gehackte Petersilie hinzu. Kurz aufkochen, das Ziegenfleisch hinzugeben und servieren. Exquisit!

Die typischsten Braten sind mit Chili-Soße eingeriebene junge Ziege und gebratenes, eingelegtes Kaninchen.

Es versteht sich von selbst, dass in der lanzarotenischen Küche sehr viel Fisch verwendet wird. Besonders hervorzuheben sind die Fischeintöpfe (*Sancochos*) mit Barsch oder Brasse; der Glatthai in Tunke, ein Fisch mit zartem und schmackhaftem Fleisch, das frisch oder getrocknet verzehrt wird; Papageienfische, Meerbarben, Barsche, Brassen, Muränen und viele andere Arten mehr, die man als Eintopf, gebraten, gegrillt, mit Öl und Essig usw. verzehrt. Man könnte diese Liste unendlich weiterführen.

Nach dem Essen gibt es nichts Besseres als einen guten Nachtisch: Reispudding, süße Mandeln, Baisers oder Käsepudding. Und so erzählen es die alten Lanzarotenerinnen: *„Zu einem Pfund Käse ein Pfund Rinderschmalz, ein Pfund Zucker, 12 Eier, alles gut verrührt, in Formen geben und in den Ofen".*

Nicht vergessen: zum Essen einen guten Wein aus La Geria.

Guten Appetit!

Pejines werden an der Sonne getrocknet.

ARCHITEKTUR

Historische Architektur. Die Aktivitäten der Menschen, die während der letzten Jahrhunderte auf Lanzarote lebten, haben die Insel geprägt. Die Summe der materiellen, kulturellen und sozialen Erscheinungen ist das, was wir heute als kulturelles Erbe bezeichnen. Außer bedeutenden Kulturgütern besitzt die Insel eine Unzahl von Orten und Plätzen, die uns Aufschluss über die Geschichte der Insel und die Lebensgewohnheiten ihrer Bewohner geben.

Die historische Architektur lässt sich je nach Bauelementen in 4 Gruppen unterteilen
- Religiöse Gebäude
- Gebäude von besonderer Bedeutung
- Industriegebäude
- Wohngebäude

Religiöse Gebäude. Das Verzeichnis dieser Bauten beinhaltet neun Kirchen, um die dreißig Kapellen, welche auf der gesamten Insel verteilt sind sowie zwei Klöster in Villa de Teguise.

Die Kirchen entstanden gleichzeitig mit den wichtigsten Ansiedlungen, jedoch mit einer gewissen Verzögerung, was den Baustil der jeweiligen Epoche angeht.

Anhand der Ausstattung lässt sich die wirtschaftliche Lage jener Orte, während verschiedener Epochen ablesen. Die Mehrzahl hat aus verschiedenen Gründen wie Bränden und Piratenangriffen wiedererrichtet oder auch erweitert werden müssen. Jede einzelne Kirche verfügt über bemerkenswerte Elemente. Wie zum Beispiel die Kirche unserer Lieben Jungfrau der Immerwährenden Hilfe von Yaiza, die ein geometrisch unregelmäßiger Grundriss auszeichnet; oder die kleine Kirche von San Marcial in Femés, dessen Bögen und Säulen auffällige Tauverzierungen schmücken. An der kleinen Pfarrkirche von Teguise, der ältesten der Insel (1440-45), wurden, nach mehreren Plünderungen und Verwüstungen, kleine Kapellen angebaut, die als Grabstätte für bedeutende Familien dienten. Im Jahr 1727 wurde dann der achteckige, in Holz gekleidete Glockenturm errichtet.

Die Kapellen wurden mehrheitlich im Laufe des 18. Jh. von den Einheimischen selbst errichtet. Deshalb ist die Bauweise meist sehr einfach, die verwendeten Materialien ziemlich ärmlich. Sie bestehen meistens aus einem rechteckigem Kirchenschiff, mit seitlich angefügter Sakristei.

Kirche San Marcial in Femés.

Teilweise sind die Ecken mit Vulkangestein verziert. Die Giebeldächer bestehen aus Holz und sind mit Lehm bedeckt und manchmal auch mit einer Reihe Ziegel versehen. Das spärliche Innere ist mit einer kleinen Kanzel, einem Taufbecken, einem Altar und mit einigen Bildern wichtiger religiöser Darstellungen ausgestattet.

Ihre Existens ist größtenteils auf Erscheinungen zurückzuführen, wie zum Beispiel die Kapelle Unserer Lieben Jungfrau des Büsserschnees, die einem Hirten erschienen sein soll. Ihr Alter lässt sich auf das 16. Jh. zurückdatieren, geht möglicherweise aber auch auf die Eroberung zurück. Gleichzeitig ist sie ein Beispiel für die Marienverehrung, die in volkstümlichen Wallfahrten gipfelt, wo Pilger ihre Jungfrau in festlicher Atmosphäre durch das Dorf tragen. Vom Konvent des Hl. Franziskus ist nur noch die Kirche übrig geblieben. Es handelt sich um das neunte Kloster des Franziskanerordens auf den Kanaren. Im Jahre 1588 erbaut, befindet es sich 50 Meter von der Pfarrgemeinde von Teguise entfernt. 1618 durch die Piraten Xabác und Solimán zerstört, wurde das Kloster zwei Jahre später dank der Spenden der Gläubigen wieder errichtet. 1835 ging es endgültig in weltlichen Besitz über. Nach seiner Restaurierung wird es derzeit für kulturelle Zwecke benutzt.

Kirche des Konvents Santo Domingo in Teguise.

Kapelle Santa Bárbara in Máguez.

Festung Las Coloradas oder Adlerturm.

Kapitän Rodríguez Carrasco erbaute im Jahr 1698 das Dominikanerkloster, welches für den Dominikanerorden bestimmt war. Im Laufe der Zeit erfuhr es mehrere artistische „Verschönerungen". Heute beherbergt der Gebäudekomplex das Rathaus und die Kirche Santo Domingo. Die Fassade, die eine Doppelkomposisition darstellt, hat links einen seitlichen Glockengiebel, zwei große Pforten und ein Glasrundfenster. Über der rechten Pforte ist das rot eingefasste Zeichen des Dominikanerordens zu sehen.

Besonders bemerkenswerte Gebäude.
Gebäude, die aufgrund ihres Standortes, Zweckes oder Herkunft von besonderer Bedeutung sind; wie Friedhöfe, Festungen, Leuchttürme und Speicherkammem (*Cillas, Taros* und *Maretas*).

Bis Anfang des 19. Jh. wurden die Toten unterhalb der Kirchen und Kapellen oder auf Berghöhen bestattet. Das rührte vielleicht von der Annahme, dass man dem Himmelreich so näher sei. Erst danach errichtete man die ersten Friedhöfe, von denen es im Moment zehn gibt und von denen alle, außer dem allerneuesten, demselben Schema entsprechen. Weißgekalkte Mauern mit pyramidenförmigen Ornamenten, rechteckiger Grundriss mit Kapelle im hinteren Teil.

Die Festungen wurden zur Verteidigung errichtet, es sind insgesamt 4 Burgen: Das Castillo de las Coloradas oder Adlerturm an der Südküste, die Festung von San Gabriel und die von San José in Arrecife und zuletzt das Castillo Santa Bárbara in Teguise.

Die Festung von Las Coloradas (1741) hat einen kreisförmigen Grundriss mit einem kegelstumpfförmigen Abschnitt auf zwei Etagen. In der obersten Etage ist das Tonnengewölbe, welches den Wasserspeicher stützt, auf der unteren Ebene befinden sich die Räume und Kammern des

Friedhof von Yaiza.

Festung Santa Bárbara in Teguise.

Personals. Ein leerer Schutzgraben grenzt die Burg ab.

Die Burg San Gabriel (1573) ist viereckig gebaut, mit vier diamantspitzförmigen Bollwerken. Das Innere ist mit Holz verkleidet.

Die Festung Santa Bárbara (1588) hat die Form eines Rhombus mit starken Trockensteinmauern und Rundtürmen.

Und schließlich die Festung San José (1779), halbkreisförmig gebaut, mit zwei aufgesetzten Schiffen mit Tonnengewölben, Munitionskammern, Kerkern und Wasserspeicher.

Wir werden diese Bauten bei unseren Besuchen durch die Gemeinde genauer betrachten, denn seit der Restaurierung finden sie für kulturelle Zwecke Verwendung.

Die sechs Leuchttürme sind architektonisch schlicht gebaut.

Vier davon stehen in Arrecife: Der Lechtturm de los Mármoles, Varadero, Naos und Muelle Chico. Ein Weiterer steht in der Punta Fariones und der sechste in der Punta Pechiguera, mit quadratischem Grundriss und einen Innenhof, hat einen seitlich angefügten Turm. Dieser befindet sich in einem äußerst schlechten Zustand. Ein weiterer Turm neueren Datums wurde direkt dahinter gebaut.

Bei den traditionellen Speichertechniken unterscheidet man drei Arten: die *Cillas*, *Taros* und *Maretas*.

Die *Cillas* sind Gebäude, in denen die Kirche ihre Waren lagerte, welche aus der Abgabe des Zehnten oder der hauseigenen Ernte stammten. Der hier nennenswerteste Speicher steht in Teguise, er geht auf die erste Hälfte des 18. Jh. zurück. Ein rechteckiger Bau mit wuchtigen Lehm und Steinmauern, der im Ortskern von Teguise zu besichtigen ist. Mit einem Giebeldach versehen, befindet sich dieser Bau in einem gut erhaltenen Zustand.

Die *Taros* sind ländliche Errichtungen, die eng mit der typisch landwirtschaftlichen Bauweise verbunden sind. Hier wurden Getreide, Käse und Geräte aufbewahrt. Sie waren normalerweise rund, hatten einen Durchmesser von 3-5 m und eine Höhe von 3-6 m, je nachdem ob sie ein oder zweistöcking waren. Errichtet wurden sie aus Stein, Lehm und Kalk. Heutzutage ist kein nennenswertes Exemplar zu besichtigen.

Die *Maretas* sind Wasserbecken für landwirtschaftlichen und hauseigenen Nutzen. Sie befinden sich normalerweise an Berghängen oder sind durch einen Kanal mit ihnen verbunden. In der Gegend von Guatiza-Mala, kann man immer noch einige dieser Speicher sehen, auch wenn sie heute nicht mehr benützt werden. Kreisförmig oder rechteckig, liegen sie halb unter der Erde und bestehen aus Kalkstein und einem gewölbten Steindach. Der Hauptspeicher, auch *Caidera* genannt, empfängt das Wasser über Zuleitungen, die *Coladeras* genannt werden. Das für diesen Bau beste Beispiel war der Gran Mareta Wasserspeicher der Gran Aldea (Ureinwohnerdorf des heutigen Teguise), am Hange des Berges Guanapay. Mit einem Durchmesser von

Leuchtturm Punta Pechiguera.

40 Metern und 9,2 Metern Tiefe. 1560 wird die Gran Mareta zum Allgemeingut erklärt, nachdem alle Inselbewohner das Anrecht erhalten, das angesammelte Wasser zu nutzen. 1975 wurde der Speicher zerstört, um Platz für neue Wohngebäude zu schaffen.

Industrielle Architektur. Hier behandeln wir Gebäude, welche im engen Zusammenhang mit der Inselwirtschaft stehen; wie Gerbereien, Kamelmühlen, Mühlen, Kalköfen und Salzwerke.

Die Gerbereien (*Tenerías*) setzten sich aus mehreren Räumen und Wasserbecken zusammen, welche für die jeweiligen Phasen des Gerbungsprozesses des Leders genutzt wurden. Heutzutage gibt es keine nennenswerte Gerberei mehr zu besichtigen.

Die inseleigene Produktion bestand lange Zeit aus der Land- und Viehwirtschaft, hier spielten die Kornmühlen eine besondere Rolle.

Man begann mit den Handmühlen römischer Herkunft, die einfach zu bedienen und deren Material leicht zu erhalten und zu bearbeiten war. Es handelt sich um zwei gleich große, kreisförmige Mahlsteine aus Basalt, die übereinanderliegen,

Mareta auf den Feldern von Guatiza.

und ein spitzer, langer Stab, der den oberen Stein nicht durchbohrte und als Stabilisator bei der Drehbewegung diente. Diese Handmühle gab es in jeder Familie und sie wurde oft benutzt, um das tägliche *Gofio* zu mahlen.

Später kamen die Ross- oder Kamelmühlen, welche sich in Gemeinschaftsbesitz befanden. Sie wurden erstmals zu Beginn des 17. Jh. erwähnt. In Bewegung gesetzt wurde die Kamelmühle von mehreren Personen oder auch von einem Kamel, die Kraft ging auf die Antriebsstange

Kirchlicher Speicher (Cilla) in Teguise.

(*Almijarra*) über , die den Gesamtmechanismus aus Springfedern, Pressschrauben, Wellenlagern, etc. in Gang setzte. Das Korn wurd durch einen Trichter (*Tolva*) eingefüllt. Diese Mühlen befanden sich in der Regel in viereckigen Großräumen, deren Stein-, Lehm- und Kalkmauern von einem, aus Stroh und Lehm gefertigten Giebeldach bedeckt wurden. Es sind noch viele Kamelmühlen erhalten.

Später dann wurden die Kamelmühlen durch die Windmühlen (*Molinos*) und danach durch die optimierte Windmühle (*Molina*) ersetzt. Man nutzte die Windmühlen, die man als *Molinos* kennt, zum Mahlen des Kornes und um das Meerwasser in die Vorrichtungen der Salzwerke zu pumpen. Sie erschienen erstmals zwischen dem 17. und 18. Jh. und geben der Landschaft ihre eigene Prägung. Hierzulande sind sie unter dem Namen *Pajeros* bekannt.

Das Mauerwerk beherbergt drei Etagen: in der ersten lagerte der Müller seine Geräte und Leinwände, Ersatzteile, etc..., in der zweiten wurde der *Gofio* aufgefangen und in Getreidesäcken

Windmühle von Tiagua.

aufbewahrt, welche von den Kunden abgeholt wurden. Im dritten Stock befindet sich das Mühlwerk, hier wurde das Korn hoch getragen, um es durch den Trichter laufen zu lassen, wo es, in gemahlenen Zustand, den zweiten Stock, erreichte. Kreis - und kegelstumpfförmig gebaut, verkleidet Holz die Spitze, an welchem die Flügel auf einem doppelten Holzring verankert sind. Dieser wird, über einen Hebel oder Steuer, nach Windrichtung ausgerichtet. Vom Mühlstein aus führt der Triebstock nach oben. An dessen Ende befindet sich ein Kronrad das in das Zahnrad eingreift, welches sich an der halb horizontalen Achse der Flügel befindet. Üblicherweise aus Kiefernholz gefertigt und vollendet mit Kastanien- oder Feigenholz.

Die Windmühlen jüngerem Datums (*Molinas*) aus dem 19. Jh. haben eine Änderung im Mühlwerk und in der Gebäudeaufteilung. Ausgestattet mit einer Horizontalachse und vier bis sechs Flügeln, stützen sie sich auf ein hölzernes Achsenlager und verteilen die Bewegung über eine metallene

Handmühle.

Windmühle von Teguise.

Rossmühle im Landwirtschaftsmuseum El Patio.

Drehplatte, deren nach unten verlaufende Stange zwei Steine bewegt, welche unterhalb der dreiecksförmigen Holzstruktur angebracht sind. Die gesamte Struktur stützt sich auf die innere Achse und kann mittels eines hölzernen Hebels in Windrichtung ausgerichtet werden. Das, aus Stein und örtlichem Mörtel gefertigte Gebäude, ist quadratisch gebaut und verfügt über einen einzigen Raum für das Mühlwerk und Lagerhaltung. In manchen Fällen wurden Wohnräume angefügt. Mit dem Verschwinden des Getreides als Basis der Subsistenzwirtschaft dienen diese Zeugen des menschlichen Erfindergeistes lediglich noch als Touristenattraktion.

Mit der verstärkten Nutzung der Kalkgruben entstehen im 17. Jh. immer mehr Kalköfen. Kalk wurde zur Regenwasserreinigung, zum Weißen und zum Hausbau verwendet. Kalköfen befinden sich entweder nahe der Kalkgruben oder in der Nähe ehemaliger Exportzentren. Es gibt einige rechteckige Kalköfen, jedoch sind die kreisförmigen am häufigsten vertreten. Form und Material differieren nach Holz oder Holzkohlenbefeuerung. Holzöfen sind kleiner,

kreisförmig, und zwischen drei bis sechs Meter breit, mit einem einzigen Loch. Sie liegen halbunterirdisch und sind in Schluchten, um den Zugang des Werkstoffes und Extraktion des Endproduktes zu erleichtern. Die auf den Außenhandel ausgerichteten Holzkohleöfen sind rechteckig, von vier bis sechzehn Metern Länge, bei einer Höhe von bis zu zehn Metern, ausgestattet sind sie mit bis zu vier unterschiedlich großen Löchern. Die Kalkherstellung geht auf die Zeit der Römer zurück und ändert sich praktisch nicht bis zur Entdeckung des Zements in den 50er Jahren. Der Rohstoff für seine Herstellung (*Caliche*) kommt größtenteils von Fossilstrandstätten, wo man den splitterförmigen Stein entnimmt. Nach Zerkleinerung und Reinigung dieser Steinsplitter wurde der Ofen gefüllt. Die Steine reichten bis an den Eisenrost, wobei der untere Teil frei blieb, um das Feuer mit tockenem Dornlattich zu entfachen. Zwischen die Steine wurden Schichten von Holz oder Holzkohle geschoben, oben wurde es mit Kohlenerde bedeckt. Die vollständige Verbrennung dieses Materialestapels nahm drei bis vier Tage in

Anspruch. Das gewonnene heiße Kalk wurde mit Salzwasser abgelöscht und durchgesiebt.

Die Geschichte des Salzes hat mit der Geschichte großer Kulturen vieles gemein. Erste Erwähnungen gibt es im alten China (2205-2197 vor Christus). Salz war immer schon ein Produkt, dass den Staaten hohe Steuereinnahmen brachte und trotz des unglaublich schnellen technischen Fortschritts hat das Salz auf fast magische Weise als Naturprodukt überlebt.

Über die Salzproduktion der Ureinwohner der Inseln gibt es wenig Hinweise. Man weiß, dass sie das Salz direkt aus den Strandseen holten und damit den Fisch einsalzten. Diese Strandseen wurden an einigen Stellen manipuliert, um mehr Salz zu gewinnen, sodass man mit ziemlich großer Sicherheit von der Existenz der Salzwerke vor der Eroberung sprechen kann. Nach der Eroberung waren die natürlichen Salzablagerungsstätten im Besitz von Feudalherren, die aber Jedermann frei zugänglich waren. Ab 1525 gehen die Rechte in Privatbesitz über und ab 1605 werden die Salinen Teil des staatlichen Salzmonopols. Ab diesem Zeitpunkt gewinnen die Salinen auf den Inseln an Bedeutung. Der zweite große Salzaufschwung findet auf Lanzarote - vor allem zwischen den Jahren 1910 und 1930 statt - um dem Andrang der Konservenindustrie gerecht zu werden.

Die ältesten Salinen des Archipels sind auf Lanzarote zu finden. Die Salinen am Fuße der Klippen von Famara wurden wahrscheinlich schon zur Zeit der Römer benutzt, obwohl man gesicherte Quellen erst seit der Zeit vom ersten Lehensherrn der Insel, Sancho de Herrera (Endes 15. Jh.), hat. Bis 1775, dem Bau der Saline im Charco del Ginés in Arrecife wurde keine neue Saline gebaut. Gegen Ende des 19. Jh. wurden die Salinen von Puerto

Umfüllen von Verdunstungsbecken in andere Becken.

Naos errichtet, die letzten, die aus Lehm und Ton entstanden. Nach der Abschaffung der Salzsteuer zu Beginn dieses Jahrhunderts und der Anwendung einer neuen Technologie beim Bau von Salinen, wo Steine und Kalk verwendet wurden, florierte die Salzindustrie, denn sie versorgte die Industrie und die Fischereiflotte mit Salz für das Einsalzen der Fische.

Es wurden die Salinen von El Berrugo in Playa Blanca gebaut, dann folgten El Janubio, La Santa, Costa Teguise, Los Charcos, Las Cucharas und einige mehr in Puerto Naos. Diese Tendenz hielt bis in die

Die Salinen del Río. Blick von den Klippen von Famara.

zwanziger Jahre an. In den vierziger Jahren begann der Boom aufs Neue: es enstanden die Salinen von Órzola, Punta Mujeres, Los Agujeros, Tío Joaquín, El Rostro, Bastián, Las Caletas, Los Mármoles, La Bufona und vier weitere in Puerto Naos. In den sechziger Jahren baute man die letzten zwei: El Reducto und Guasimeta. Die Krise in der Konservenindustrie und das Erscheinen der industriellen Einfriermethoden setzten der Salzindustrie ein Ende. Es bleiben nur zwei Zeugen: Janubio y Los Agujeros.

Die Salinen von El Janubio sind die größten der Kanarischen Inseln und sie zählen sicherlich zu den bedeutendsten der Welt was ihre architektonische und hydraulische Komplexität betrifft. Sie wurden von Victor Fernández, dem Salinenbauer, konzipiert (Las Breñas 1844-1920). Das Meerwasser wurde von 5 Windmühlen mit Schaufelrädern, die auf Steinsockeln mit unterschiedlicher Höhe standen, aus der Lagune geholt (heute mit Dieselpumpen). Das Wasser läuft durch den Hauptkanal und gelangt über Nebenkanäle in die verschiedenen Verdunstungsbecken. In einem Zeitraum von 15 bis 20 Tagen wird es bis zu fünfmal in andere Becken umgefüllt. Dieser Prozess, der sogenannte *curtido* erhöht den Salzgehalt auf 20°. Danach wird das Wasser wieder umgefüllt und über die Kanäle in *Tajos*, die Kristallisationsbecken geleitet. Das Salzwerk ist ringsherum durch eine Vulkansteinmauer vom Wind geschützt.

In den *Tajos* trennt sich das Salz nach ca. 20 Tagen von der Sole. Zwischen 12 und 14 mal pro Jahr wird dieser Prozess wiederholt, und zwar in den Monaten von März bis Oktober. Das Salz wird in den seitlichen Gräben getrocknet und gereinigt, bis zur nächsten Flutung des Beckens. Der Rest des Jahres wird für Ausbesserungsarbeiten genutzt. Nachdem die Salinen unter Denkmalschutz gestellt wurden, hat man mit ihrer Restaurierung begonnen. Die Salinen sind von außerordentlichem, historischem, landschaftlichen, architektonischem, ethnographischem, kulturellem und ökologischem Wert.

Technologie der Salzgewinnung				
Sammeln	Sammeln von Salz, das sich auf natürliche Weise auf Klippen, in kleinen Lagunen oder in großen Ablagerungen auf dem Kontinent angesammelt hat.			
Gruben	Extraktion von Salz aus unterirdischen Mineralsalzgruben.			
Erwärmen und Kochen	Salzgewinnung durch Erwärmen oder Erhitzen von Meerwasser in bestimmten Gefäßen mit Hilfe eines bestimmten Brennstoffes, um das Verdampfen des Wassers und die Salzausscheidung zu bewirken.			
Konzentrieren und Verdampfen (nur mit Sonnenenergie)	Extensive Salinen	Der Prozess der Kristallisation ist nicht geteilt. Meist im Inneren, in der Nähe von Quellen.		
	Intensive Salinen (alle kanarischen Salinen)	Natürliche	Tümpel, die sich bei Flut bilden, auf Lehm- oder Felsengrund.	
		Künstliche (Schöpfen und Ableiten von Wasser in Verdunstungsbecken, Weiterleiten in Kristallisationsbecken)	**Primitive auf Felsen**. Es gibt zwei Becken: das Verdunstungsbecken und das Kristallisationsbecken (Mareta). Das Wasser wird bei Flut in das Verdunstungsbecken geleitet. Diese Salinen sind rund, geschlossen, mit Mauern aus Stein und Lehm oder Kalkmörtel.	
			Alte aus Lehm. Meist auf Schwemmland. Die Wände der Becken und Wasserleitungen sind aus gesammelten Steinen mit Kalkmörtel, die mit Lehm oder Kalk abgedichtet sind. Die Böden der Becken sind aus gestampftem Lehm. Salinen von El Río.	
			Alte aus Kalkmörtel. Wände und Böden aus Basaltsteinen die mit Kalkmörtel verputzt sind.	
			Neue aus Lehm mit Steinverkleidung. Typisch für Lanzarote. Alle, außer El Río, gehören zu diesem Typ. Neue Anordnung: Die Verdunstungsbecken liegen im Inneren und das Wasser wird immer weiter in Richtung Küste umgefüllt. Die Becken sind geteilt, mit kleinen Mäuerchen im Inneren. Sie werden aus Lehm und Stein gebaut. Kalk wird nur für die Impermeabilisation der Wasserkanäle benutzt. Die Böden der Becken sind aus gestampftem Lehm.	

Die Salinen von El Janubio.

Wohngebäude. In diesem Kapitel werden vornehmlich zwei Arten von Wohngebäuden erläutert: traditionelle, volkstümliche Wohnhäuser und Herrenhäuser. Die besten Beispiele für die volkstümliche Architektur findet man in ländlichen Gegenden, hier ist die örtliche Bautradition praktisch unverändert geblieben.

Es gibt auch schöne Beispiele dafür in städtischen Siedlungen wie Arrecife und vor allem Teguise, das noch fast so erhalten ist, wie es von den Eroberern der Kastilischen Krone erbaut wurde.

Diese Architektur war von Anfang an anonym und richtete sich nach andalusischen und extremenischen Vorbildern. Diese wurden nach und nach den örtlichen Gegebenheiten angepasst, bis sie einen eigenen Charakter entwickelten. Ein Merkmal sind die Winde von Afrika, wogegen man die Häuser mit dicken Mauern ohne Öffnungen zur Außenseite schützte. Das Schema der traditionellen, ländlichen Häuser ist sehr einfach: Der Grundriss ist viereckig und im Inneren bildet ein weiteres Viereck den Innenhof, von dem aus man die Zimmer betritt, die miteinander nicht verbunden sind. Die Zahl der Zimmer hängt von den Notwendigkeiten und den finanziellen Möglichkeiten ab.

Die Baumaterialien stammen aus der näheren Umgebung und werden unverändert benutzt, wie sie in der Natur gefunden werden. Zuerst baute man mit trockenen Steinen, dann mit Steinen aus Lehm, dann mit Kalk und zuletzt mit Blöcken aus vulkanischem Sandstein und Zement. Die Satteldächer bestanden früher aus *Pírganos* (zentraler Teil der Palmblätter), aus Ästen von Büschen oder von Pflanzen die Bobos (*Nicotiana glauca*) genannt werden. Später werden die Latten und Platten aus harten Kiefernholz für die Dachstruktur benutzt. Die Dachabdeckung ist die sogenannte Torte, eine Mischung aus Lehm und Weizenstroh. Die externe Struktur der Mauern besteht aus rauhen Putz, der nicht geglättet wird und von Zeit zu Zeit mit Kalk getüncht wird.

Die Häuser befinden sich normalerweise nahe der Arbeitsplätze und zeigen in der Regel nach Südosten. Die einfachsten Häuser findet man in Gegenden, wo es viele Hirten oder Fischer gibt. Diese Häuschen nennt man *Tegalas*.

Sie sind aus aufgeschichteten Steinen und mit Büschen abgedeckt und sind nur vorübergehend bewohnt. Die wichtigsten Räume waren immer die Küche und der Wasserspeicher. Der weitere Charakter des Hauses wurde vor allem durch

Haus der Familie Arroyo in Arrecife.

Weinpresse, Weinkeller, Dreschtenne, Stallungen, Trockenboden, Anzahl der Fenster und verwendete Materialien bestimmt. Die Küche diente gleichzeitig als Versammlungsraum und Schlafzimmer. Für das Zubereiten der Speisen brauchte man einen *Tenique*, ein steinernes Becken, in dem man ein Feuer aus Dornlattich oder Holz machte. Später kam der *Reverbero*, ein Brenner auf Spiritusbasis, gefolgt vom Ölkocher mit Blasebalg und zuletzt der Petroleum Docht-Kocher.

Wenn die Öffnungen der Öfen ins Innere der Küche gehen, dann geht der Bauch des Ofens in der Regel nach außen. Diese Öfen sind quadratisch oder zylindrisch und darüber befindet sich eine runde Kuppel, welche hohl und mit leichtem, vulkanischen Gestein ausgeschlagen ist, das die Wärme gut hält. Abgeschlossen wird die ganze Einheit von Kaminen in verschiedenen Formen, die in einigen Fällen einen eindeutigen maurischen Einfluss zeigen.

Die Wasserspeicher wurden da gebaut, wo das Gelände leicht abfällt. Das Wasser floss durch ein natürliches Sieb, um Sedimente herauszufiltern. Das Sieb bestand aus gepressten Dornlattich. War der Wasserspeicher leer, griff man auf den Brunnen zurück.

Die Herrenhäuser, deren Struktur eindeutig portugiesisch, andalusisch oder kastilisch beeinflusst ist, stehen im Verhältnis zur Macht der Lehensherren, der Kirche, der Verwaltung oder des Militärs. Gute Beispiele dafür sind: Das Haus der Familie Arroyo und die Häuser in der Calle Fajardo in Arrecife, die Casa Curbelo in Arrieta, die Häuser der Familie Paz Currás und von Antonio López Socas in Haría, das Haus von Major Guerra und die Casa Ajei in San Bartolomé, das Haus von Clemente Peraza in Los Valles und in Teguise die Casa Spínola, die Casa de los Diezmos, das Pfarrhaus und das Haus des Grafen Agustín de Herrera y Rojas.

Zeitgenössische Architektur. Man muss klar unterscheiden zwischen der Wohnarchitektur, die eng mit der traditionellen Bauweise verbunden ist und der Architektur der großen Hotels und Ferienanlagen.

Wenn man dieses Thema abhandeln will, so muss man unweigerlich über César Manrique sprechen. Diese emblematische Persönlichkeit hat es vermocht, Grundkonzepte der Ökologie, der volkstümlichen Architektur, des Konservationismus und Anpassung der Landschaft an touristische Notwendigkeiten einzuführen. Mit seiner Arbeit hat er es geschafft, eine unkontrollierte, von der Umwelt entfremdete Entwicklung des Tourismus auf der

Stadtkern von Teguise.

Fundación César Manrique.

Insel zu verhindern. Er hat erreicht, dass Politiker und Bürger eine gemeinsame Strategie verfolgen. Er wurde zum Ideologen der Insel und einiger anderer Länder. Unter seiner Hand wurde die Natur in Harmonie mit dem vom Menschen Geschaffenen, gebracht, das Traditionelle mit der Avantgarde versöhnt. Vulkanische Materialien, Formen, Räume, traditionelle Bauten und inseleigene Vegetation, für einige wertlos und Inbegriff der Armut entwickelten sich durch ihn zum Symbol moderner Kultur. Sowohl die Entwicklung von Architektur als auch der Tourismus der letzten vierzig Jahr sind eng an das Leben von César Manrique gebunden, weshalb wir hier seinen Lebenslauf wiedergeben.

César Manrique. Geboren am 24.04. 1919 in Arrecife. Er studierte Bildende Künste an der Madrider Kunsthochschule, wo er von den surrealistischen Strömungen der 50er Jahre beeinflusst wurde. In dieser Zeit, in den Jahren 1950 und 1953 entstanden seine ersten wichtigen Werke auf Lanzarote. Es handelt sich hierbei um die Wandbilder im staatlichen Hotel (*Parador*) von Arrecife und in der Abfertigungshalle des Flughafens von Guasimeta. Im Jahre 1955 erhielt er den zweiten Preis in der 1. Ausstellung für Zeitgenössische Kunst in Cartagena, nahm an der XXVIII. Biennale in Venedig teil sowie an der III. Hispanoamerikanischen Biennale in La Habana (Kuba).

Ohne je den Kontakt zur Insel Lanzarote zu verlieren, den er mit Hilfe des zweiten großen Verfechters und Planers des zukünftigen Lanzarotes aufrecht erhielt, reiste Manrique durch die Welt und stellte aus, bis er schließlich im Jahre 1965 beschloss, sich in New York niederzulassen. 1968 kehrte er zurück, um mit seinem Freund, dem Präsidenten der Inselverwaltung, José Ramírez, ein künstlerisches Projekt für die gesamte Insel Lanzarote zu entwerfen. In diesem Jahr wurden die Jameos del Agua ausgebaut und das Fruchtbarkeitsdenkmal zu Ehren der lanzarotenischen Bauern errichtet.

In diesem Jahr baute er auch sein Haus im Taro de Tahiche. Dieses Gebäude ist über 5 unterirdischen, vulkanischen Gasblasen errichtet, die in einem Lavafeld von 1730 entstanden. Es hat zwei Etagen: Der oberirdische Teil ist im traditionellen Stil der Insel gebaut, jedoch mit großen Glasflächen mit Blick auf die Lava und großen, hellen Räumen und Terrassen. Der untere Teil des Hauses macht sich die fünf Hohlräume und ein kleines Jameo zu Nutzen, hier ist der Swimmingpool untergebracht. Die Hohlräume

Mobile Skulptur von César Manrique vor seiner Stiftung.

sind untereinander durch Korridore, die in die Lava gegraben wurden, verbunden. Überall verschönern üppige Pflanzen das Gesamtbild. 1988 verließ er dieses Haus, um sich in Haria niederzulassen. Er bestimmte, dass es zum Sitz der Stiftung wird, die er und ein paar Freunde 1982 gegründet hatten. Der neue Sitz der Stiftung mit einem kleinen Museum für zeitgenössische Kunst, in dem eigene Werke und Objekte aus seiner Privatsammlung ausgestellt sind, wurde 1992 eingeweiht.

Manrique reiste weiterhin viel und stellte aus, 1970 enstand sein Wandbild aus Vulkangestein für das Arrecife Gran Hotel, 1973 baute er den Aussichtspunkt Mirador del Río. 1974 publiziert die Inselverwaltung ein Buch von ihm mit Schwarzweiß-Fotografien. „Lanzarote, unveröffentlichte Architektur" ist ein Spiegel der damaligen, volkstümlichen Bauweise und wird ihm in späteren Jahren als Ausgangspunkt für weitere Kreationen dienen. Im selben Jahr wurde das Kulturzentrum El Almacén eröffnet, das 1989 von der Inselverwaltung übernommen wurde. 1976 arbeitete Manrique am Projekt Costa Martiánez in Puerto de la Cruz (auf

Teneriffa). Im selben Jahr eröffnete er das Museum in der restaurierten und adaptieren Festung von San José im Rahmen eines Internationalen Festivals für Plastische Kunst und es beginnen die Arbeiten am Kaktusgarten.

Zwischen 1976 und 1986, dem Jahr, in dem er in London den Preis Europa Nostra für Verdienste um die Umwelt erhielt, ist Manrique sehr aktiv, seine Arbeit wurde auf der Insel und international gewürdigt. In dieser Zeit entstanden Werke wie „Las Banderas del Cosmos" und die Innenausstattung für die Einweihung der Sternwarte auf der Insel La Palma. Er entwarf die Gärten und den Swimming Pool des Hotels Las Salinas in Costa Teguise, entwickelte das Projekt für das Geschäftszentrum La Vaguada in Madrid (1983) und die Aussichtspunkte La Peña auf El Hierro (1983) und Palmarejo auf La Gomera (1992). Er erhielt den Goldenen Orden für Verdienste um den Tourismus, den Weltpreis für Ökologie und Tourismus in Berlin, die Goldmedaille der Schönen Künste der Kanarischen Regierung, den Goslarer Mönchenhausen-Preis für Kunst und Ökologie, den Fritz Schuhmacher Preis der

Universität Hannover, das Große Verdienstkreuz des Königs von Spaniens und den Netherlande Laureate Van D'Aboed in Holland.

1992 wurde der Kaktusgarten fertiggestellt, ebenso das Auditorium in den Jameos del Agua. Er wurde Mitglied des spanischen Komitees des UNESCO-Programms Mensch und Biosphäre und arbeitete am Projekt des Mittelmeerparks in Ceuta. In diesem Jahr entwarf er ebenso den kanarische Pavillon für die EXPO´92 in Sevilla.

Am 25. September 1992 starb er bei einem Autounfall, 50 Meter von seiner Stiftung entfernt.

Jameos del Agua. Es handelt sich um ein Projekt, das von Manrique entworfen und von Jesús Soto und Luis Morales ausgeführt wurde.

Es war die erste große Touristenattraktion (1968) die auf Lanzarote entstand. Ein Stück des vulkanischen Tunnels von Atlantida im Malpais de la Corona wurde für Touristenbesuche ausgebaut. Über den geologischen Ursprung, seine Struktur und die endemische Fauna haben wir bereits im vorherigen Kapitel Naturschutzgebiete (Ort von wissenschaftlichem Interesse Los Jameos) gesprochen. Deshalb erwähnen wir hier nur die architektonischen Aspekte.

Man geht die am Eingang befindliche Holztreppe hinunter und kommt in das Jameo Chico. Hier gibt es ein Restaurant. Geht man etwas weiter hinunter, so kommt man in einen vulkanischen Tunnel, der 22 m lang, 19 breit und 21 m hoch ist. In ihm gibt es einen kleinen Meerwassersee, der mit dem Meer verbunden ist und von den Gezeiten abhängt. Der See ist nicht sehr tief, auch wenn es so wirkt, da sich die Decke auf der Wasseroberfläche widerspiegelt. Hier hat der bereits erwähnte *Jameíto* sein Biotop. Im Deckengewölbe sieht man eine große Öffnung, durch die das Tageslicht eindringt. Sie entstand durch eine Explosion beim Kontakt der Lava mit dem Meerwasser. Das einfallende Licht wird auf der Oberfläche des Sees reflektiert und bietet ein eindrucksvolles Schauspiel. Wenn man über den kleinen Steg am See geht, kommt man an eine Treppe, die zum 100 m langen und 13 m breiten Jameo Grande führt. Dieser wurde in einen Garten mit einer üppigen Vegetation und einem Schwimmbad verwandelt. Am Ende dieses Jameo sieht man eine weitere Tunnelöffnung, die zum Auditorium mit 600 Plätzen und einer fantastischen Akustik führt. Dieses einzigartige Auditorium, in dem Konzerte und andere Darbietungen geboten werden, gehört zum Nationalen Verband Spanischer Theater.

César-Manrique-Stiftung.

Pool in den Jameos del Agua.

Wenn man im Jameo Grande über eine weitere Zick-Zack-Treppe hinaufgeht, kommt man zum Vulkanologischen Museum, dem sogenannten Haus der Vulkane. Hier werden die geologischen Prozesse, die zur Entstehung der Insel führten, erklärt. Es gibt eine Bibliothek mit thematischen, audiovisuellen Präsentationen und Videos, einen Vielzweckraum mit Monitoren und eine geodynamischen Station, mit Informationen über die weltweite Vulkanologie, einen Versammlungsraum und eine Dauerausstellung über diese Themen.

Bauerndenkmal. Es handelt sich um eine Anlage, bestehend aus der Fruchtbarkeitsstatue von Manrique, Nachbauten von traditionellen Häusern und einem Umfeld, das das frühere Leben der Lanzarotener widerspiegelt. Es befindet sich im geographischen Zentrum der Insel, in der Nähe des Dorfes Mozaga.

Die abstrakte Skulptur ist 15 m hoch und besteht aus Wassertanks alter Fischerboote, die miteinander verschweißt wurden und weiß gestrichen sind. Sie wurde von Jesús Soto gebaut und soll einen Bauern mit seiner Herde darstellen. Die Häuser daneben, die als Museum fungieren und seit 1978 dem Publikum zugänglich sind, spiegeln die typischsten architektonischen Merkmale des alten lanzarotenischen Hauses wider: zentraler Innenhof, Wasserspeicher, Kamin, Balkon, Ofen, Kamelmühle, Weinpresse und Werkstatt. Alle Steinteile sind in blendendem Weiß gehalten, die hölzernen Elemente in Grün. Die gesamte Anlage besteht aus Gaststätte, Kunsthandwerk-Shop, Keramik-, Töpfer-, Spinnerei- und Schreinerwerkstatt, Handwerks- und Bauernmuseum und Restaurant mit traditionellen Gerichten. Ganz in der Nähe kann man Eseln und Kamelen bei der Arbeit auf einem Dreschplatz zusehen.

Der jameito Wahrzeichen der Jameos del Agua.

Höhle Cueva de los Verdes. Auch in diesem Kapitel werden wir nur die architektonischen Veränderungen kommentieren. Das Restliche ist schon im Kapitel Naturschutzgebiete (Naturdenkmal La Corona) erklärt worden.

Auch hier war es Jesús Soto, der die Höhle für das breite Publikum (1964) zugänglich machte. Man ging hier sehr vorsichtig mit den natürlichen Gegebenheiten um. Die einzigen Veränderungen, die gemacht wurden, sind die Zugangswege und eine perfekt kaschierte Beleuchtung, die es möglich macht, dieses Naturschauspiel in all seiner Pracht zu genießen. Das Licht, das die Farben der Wände unterstreicht und spektakuläre Reflexe im Wasser provoziert, verleiht dem Ganzen im musikalischen Zusammenspiel eine überwältigende Stimmung und macht die Höhle zu einem der attraktivsten Plätze auf der Insel. An einem Punkt im Inneren der Höhle, wo sie ziemlich breit ist, gibt es ein kleines Auditorium für besondere Anlässe, dieser Bau sticht jedoch nicht störend ins Auge. Es gibt keine weiteren Besichtigungspunkte, der Besucher kauft seine Eintrittskarte am Schalter und geht direkt in die Höhle.

Bauerndenkmal.

Fruchtbarkeitsdenkmal.

Eingang zu Cueva de Los Verdes. Im Hintergrund der Vulkan La Corona.

Restaurant El Diablo. Es liegt auf dem Islote de Hilario, im Timanfaya Nationalpark und wurde vor dessen Erklärung zum Naturpark gebaut. Es wurde 1970 unter der Leitung von César Manrique errichtet, an genau dem Punkt, wo die thermischen Anomalien am stärksten sind. Dieses Phänomen wird dazu benutzt, Essen mit Erdwärme zu garen und zu braten und es gibt noch ein paar weitere touristische Attraktionen im Freien.

Die Küche ist ein 6 m tiefes Loch in Form eines Brunnens, aus dem eine Hitze aufsteigt, die oben am Grill bis zu 300°C erreicht. Für den Bau des Restaurants wurden nur Steine, Eisen und Glas verwendet, die den hohen Temperaturen standhalten. Das Gebäude ist rund und bietet durch die riesige Fensterfront einen Ausblick auf die Lavafelder. Es gibt einen zentralen Innenhof, der verglast ist und in dessen Innerem der Stamm eines Feigenbaumes und ein Teil eines Dromedar-Skelettes zu sehen sind. Sie sind Teil einer Sage, die diesen Ort umgibt.

Der Boden ist durch spezielle Fliesen gegen Hitze geschützt. Der sehr harmonische Komplex besitzt auch ein Geschäft für Kunsthandwerk und Souvenirs und Wartungsräume für den Park.

Aussichtspunkt Mirador del Río. Dieses Gebäude stammt aus dem 19. Jahrhundert, von hier aus kann man die Klippen von Famara und die Insel La Graciosa sehen. Hierbei handelt es sich um eine alte Artilleriestellung, die aus dem Krieg zwischen Spanien und den USA um die Herrschaft in Kuba stammt.

Basierend auf einem Projekt von Fernando Higueras das nicht ausgeführt wurde, schlägt Manrique den Bau eines Aussichtspunktes vor. 1973

Das Innere der Höhle Cueva de Los Verdes.

wird grünes Licht gegeben und ein Jahr später ist das Gebäude fertig.

Das Gebäude besteht aus zwei großen Kuppeln, die auf einer Höhe von 479 m auf einer Plattform stehen und miteinander verbunden sind. Danach wurden diese Kuppeln zur Tarnung mit Erde bedeckt. Heute ist die Seite zu den Klippen verglast. An den Seiten führen zwei große Türen zur Terrasse. Im Inneren, an der Decke, hängen zwei große, lampenähnliche Skulpturen von Manrique, sie wurden hier an diesem Ort und aus alten Eisenstäben und Blechstücken gefertigt. An einer Seite gibt es einen Kamin aus Vulkangestein und in der Mitte führt eine Wendeltreppe zu einer Dachterrasse. Man betritt und verlässt das Gebäude durch einen gewundenen Gang. Die Fassade ist eine Mauer aus vulkanischem Gestein auf drei Ebenen, die die gesamte Konstruktion gut kaschiert.

Kaktusgarten. Er liegt außerhalb von Guatiza, an der Landstraße Richtung Mala. Er ist sicher eine Hommage an diese Gegend, die während mehr als 100 Jahre von der Koschenillezucht auf Feigenkakteen lebte.

César Manrique Logo für den Timanfaya Naturpark.

Auch hier handelt es sich um eine Landschaft, in die César Manrique architektonisch eingegriffen hat. Er machte sich eine im letzten Jahrhundert aufgegebene Lavagrube zunutze. Der Kaktusgarten

Aussichtspunkt Mirador del Río.

Im Inneren des Mirador del Río.

eine Windmühle. Draußen, vor dem Eingang steht ein acht Meter hoher Kaktus aus Metall, ebenfalls ein Werk Manriques. Der Garten beherbergt ca. 10 000 Pflanzen, die zu ungefähr 1400 Kakteenarten oder Dickblattgewächsen gehören.

wurde 1989 eingeweiht und ist derzeit das letzte große Projekt der Inselverwaltung, das den Tourismus fördern soll. Der Garten hat die Form eines großen Amphitheaters auf dessen Stufen Terassenbeete angelegt sind, die man über Wege, die mit vulkanischen Steinen gepflastert sind, erreicht.

Der Mittelteil folgt dem selben Schema, jedoch sind die Beete hier größer und mit monolithischen Steinen dekoriert. Ergänzt wird die sehr harmonische Anlage durch ein Restaurant und

Kaktusgarten.

ARRECIFE

Geschichte. Man weiß, dass die Umgebung des Charco de San Ginés (Bucht in Arrecife) von den Ureinwohnern besiedelt wurde. Der natürliche Hafen, der zudem auch noch durch Felsen und Riffe geschützt ist, lud förmlich dazu ein, sich hier niederzulassen. Hinter den Felsen Las Cruces (gegenüber Puerto Naos), El Francés, El Castillo und EL Quebrado und auf einer Landzunge die La Puntilla genannt wird, entstand schon im 15. Jh. eine Fischersiedlung.

Die ersten Berichte über diesen Ort als Hafen stammen aus dem Jahre 1403, als Gadifer ihn als Nachschubhafen benutzte. 1445 gab es eine Übereinkunft zwischen Diego de Herrera, Inés Peraza und den Katholischen Königen, um ein rundes Silo für Handelswaren zu befestigen und eine steinerne Rampe zu errichten. So entstand die erste Hafenmole von Arrecife. 1477 diente sie Diego de Herrera als Basis für seine Afrika-Expedition. Ein Jahr später war es Juan Rejó, der Eroberer von Gran Canaria. Der Anlegeplatz trägt noch heute seinen Namen. 1544 wurde die kleine Festung EL Quemado gebaut, um Angriffe von außen abzuwehren. In den Jahren 1574 bis 1599 wurde die Festung San Gabriel errichtet.

1630 errichtete der französische Händler Francisco García Santellas eine kleine Kapelle zu Ehren des Hl. Ginés. 1771 wurde die Festung San José fertiggestellt. 1776 stieg die Bevölkerung von 20 auf 76 Familien. Die Ansiedlung hatte eine Kapelle, einige Manufakturen, Häuser, Gewölbe, Schnapsdestillen und zwei Häfen: Puerto Caballos und Puerto Naos. In 1798 wurde aus der Kapelle eine Pfarrkirche.

Die Entwicklung der Ansiedlung zur Stadt, Anfang des 19. Jh. wurde von einem ansässigen Geschichtsschreiber, José Agustín Álvarez Rixto, in seinem Buch „Historia del Puerto de Arrecife" detailliert beschrieben. 1802 lebten hier schon 1393 Seeleute, Händler, Geschäftsleute und Arbeiter. 1812 erhielt der Ort das Stadtrecht, 1847 kam der Militärgerichtshof und 1852 wurde Arrecife zur Hauptstadt der Insel. Bis dahin war es Teguise, aufgrund des florierenden Handels mit Salzkraut, Koschenillen und des Fischereihafens. Der erste Handelskai im Hafen von Arrecife wurde 1908 gebaut. Der letzte große Sprung nach vorn kam in den 70er Jahren des 20. Jh., mit der Entwicklung des Tourismus auf der Insel.

Allgemeine Fakten. Die Oberfläche der Gemeinde von Arrecife umfasst lediglich 22,7 km² und bildet somit die kleinste Gemeinde der Insel. Die Stadt selbst liegt 20 m ü. d. M. und hat rund 57 000 Einwohner. Die kleineren Ortschaften im Gemeindegebiet sind: Los Alonsos, Altavista, Titerroy, San Francisco Javier, La Vega, Valterra, Casco, Las Salinas, El Cable, La Concha, Argana Alta, Argana Baja und Maneje.

Arrecife liegt im Zentrum der Insel und grenzt im Süden an das Gemeindegebiet von San Bartolomé, im Westen und Norden an das von Teguise und im Osten ans Meer. Das Relief ist hier sehr sanft, denn

Festung San José.

hier fanden keine neueren Vulkanausbrüche statt. Nur im westlichen Gemeindegebiet gibt es ein paar Vulkankegel. Dies begünstigt das Wandern der Sanddünen (*Jable*) im Landesinneren. Das Schönste an dieser Gegend ist die Küste mit vorgelagerten Riffen, vor allem in der Hauptstadt selbst. Das wichtigste Fest San Ginés im August, ist zugleich eines der ältesten Festlichkeiten der Insel.

Es ist landesweit als Touristenattraktion bekannt, mit seiner Volksmusik, dem Habanera Festival und Regatten mit Lateinsegelbooten, deren Struktur den traditionellen Fischerbooten entspricht. Ebenso erwähnenswert sind der Karneval im Februar und Fronleichnam mit seinen bunten Salzteppichen in den Straßen der Innenstadt.

Kulturgüter. Die Festung von San José.

Sie wurde vom Ingenieur Alfonso Ochando zu Zeiten Karls III. entworfen und 1779 auf einem Vorsprung, der 8 m über dem Meer liegt, errichtet. Das halbrunde Gebäude ruht auf einem Sockel aus vulkanischen Steinen und Mörtel. Es hat zwei Stockwerke und aufgrund des abfallenden Geländes liegt das Hauptstockwerk im 1. Stock. Um in das Gebäude zu gelangen muss man die Zugbrücke über dem Graben überqueren und man gelangt in einen großen Saal mit einem Tonnengewölbe. Von hier aus erreicht man über eine Treppe einen ähnlichen Saal, der genau über diesem liegt. Über eine weitere Treppe kommt man auf die Terrasse. Neben diesem Hauptgebäude gibt es noch kleinere Räume, die als Speicher, Pulvermagazin, Kerker und Wasserspeicher dienten. Dieses Gebäude wurde 1979 umgebaut und beherbergt seitdem das Internationale Museum für Zeitgenössische Kunst. Bei den Umbauten wurde ein Restaurant angebaut, zu dem man über eine Treppe im Inneren des alten Wasserspeichers gelangt. Die großen Fenster geben den Blick frei auf die Häfen Puerto Naos und Los Mármoles. Im Museum kann

Die Kugelbrücke (Puente de Las Bolas).

man Gemälde und Skulpturen von internationalen Künstlern finden.

Die Festung San Gabriel - Kugelbrücke. Diese Anlange wurde 1573 auf Befehl von Agustín de Herrera y Rojas und nach Plänen des Kapitäns Gaspar Salcedo gebaut. Zuerst war das Gebäude quadratisch und hatte vier Wehrtürme an den Ecken. Die innere Aufteilung erfolgte mittels einer Holzkonstruktion. Sie wurde 1586 von dem algerischen Piraten Arráez Amurat zerstört. Vor der Invasion der Insel ließ er die Festung in Brand stecken. Seitdem heißt der Felsen, auf dem die Festung steht, der Verbrannte. 1590 überträgt König Philipp II. dem italienischen Ingenieur Leonardo Torriani die Verteidigung der Kanarischen Inseln. Dieser verbindet die vier äußeren Ecken der Wehrtürme mit einer fortlaufenden Mauer, um innen den Exerzierplatz nicht zu verkleinern. Den so entstandenen Hohlraum zwischen Innen- und Außenmauer lässt er mit Schutt auffüllen. Heute ist dieser Schutt entfernt und so wurde ein Korridor geschaffen, der rund um die Anlage führt. Im Inneren gibt es einen Raum für die Truppen, einen Waffensaal, ein Pulvermagazin und zwei Wasserspeicher. Alle Räume haben ein Tonnengewölbe. Der Bau wurde 1599 beendet. Während des 19. Jh. gab es einige Reparaturarbeiten und die Anlage wurde mit zwei 24 mm Kanonen bestückt, die heute am Eingang

Castillo San Gabriel.

Strandpromenade von Arrecife.

Die Kirche San Ginés.

stehen. 1972 wurde die Anlage nochmals umgebaut und in Museum umgewandelt.

Der einzige Zugang zur Anlage war die Kugelbrücke.

Casa Agustín de la Hoz. Ist heute ein Kulturzentrum und ein herrliches Beispiel für die damaligen Herrenhäuser. Es gibt drei Ausstellungsräume und eine Bildersammlung mit ca. 300 Gemälden. Avenida La Marina, 7.

Die Kirche von San Ginés. Sie wurde 1665 fertiggestellt und später mehrmals ausgebaut. Diese Umbauten gingen mit dem Anstieg der Bevölkerung einher. Besonders erwähnenswert sind die Orgel und die gute Akustik für Kammermusik und Chorkonzerte. Es gibt Darstellungen des Hl. Ginés und der Jungfrau vom Rosenkranz (Holzschnitte aus Kuba), eine Darstellung von Christi und ein großes Bild der Seelen im Fegefeuer. Der Glockenturm ist dreistöckig und wird von einer Kuppel und einem Kreuz gekrönt.

Casa de los Arroyo. Dieses Gebäude wird auch Haus des Coronel Armas genannt. Es wurde 1739 von Domingo Armas Béthencourt, dem Reeder und Inselverwalter, gebaut. Das Haus wird an den Sohn und dann an den Enkel weiter vererbt, der sich dann mit einer Frau aus der Familie Arroyo vermählt. Der architektonische Stil ist eigentlich etwas verspätet für die Epoche und repräsentiert den lanzarotenischen Stil dieser Zeit. Gleichzeitig ist es eines der ältesten erhaltenen Gebäude der Stadt. Was man heute sieht, ist nur noch ein Teil des ehemaligen Gebäudes, das durch Erbteilungen immer mehr aufgesplittet wurde. Derzeit ist es unter der Obhut der Inselverwaltung und beherbergt das Wissenschaftlich-Kulturelle Zentrum Blas Cabrera Felipe mit einer permanenten Ausstellung dieses bedeutenden Wissenschaftlers (Arrecife 1878 + Mexiko 1945). Ihm ist auch ein Denkmal gewidmet, das an der Uferpromenade beim alten Parador steht. In der Casa de los Arroyos gibt es noch weitere Räume für Ausstellungen. Avenida Coll Nr. 3 (gegenüber der Festung San Gabriel)

Abgesehen von den erwähnen Gebäuden stehen folgende Bauwerke unter Denkmalschutz: Die **Windmühle Cabo Pedro** in Lomo de la Pedrera, im höheren Teil der Stadt, die **Häuser** mit den Nummern 5 und 6 in der Straße Calle Fajardo, der Sitz der **Inselverwaltung** (*Cábildo Insular*), das **Haus Nr. 6** in der Straße Calle León y Castillo und das Viertel **Barrio de San Ginés** an der Bucht. Folgende Plätze der Stadt sind ebenfalls geschützt: Die **Marina** (Hafenanlagen) zwischen dem Hotel Arrecife bis zur Bucht, die Felseninsel **Islote del Amor**, gegenüber dem Strand Playa del Reducto und die **Windmühlen und Salinen** von Puerto Naos zwischen P. Naos und der Festung San José.

Die Bucht Charco de San Ginés.

HARÍA

Geschichte. Die Geschichte dieser Gemeinde ist wenig relevant. Die Vergangenheit ist geprägt von Elend, Hunger, Invasionen und Auswanderung. Erst mit dem Tourismusboom fängt die Gemeinde an zu florieren.

Der Name Haría stammt von dem kastilischen Wort Faría, aus der Zeit der Eroberung, jedoch ist der prähistorische Name unbekannt. Ein Dokument aus dem Jahr 1587 erzählt, dass es in dem Ort eine Quelle und 80-100 Einwohner gab. Zu dieser Zeit war Haría die einzige Gemeinde neben der Inselhauptstadt Teguise. 1590 schreibt Torriani, dass es auf der Insel nur 40 Pferde und ca. 1000 Einwohner gab, von denen 250 Soldaten waren. Der Grund dafür waren drei türkische und maurische Piratenangriffe in 16 Jahren. Die schlimmsten Angriffe kamen von den Horden des Piraten Morato Arráez oder Amurai im Jahre 1586, bei dem er alle Palmen verbrennen ließ, die sich jedoch glücklicherweise wieder erholten und 1618, bei dem die Bewohner sich in die Cueva de los Verdes zurückzogen, jedoch verraten wurden. Schon 1776 zählte die Bevölkerung der Gemeinde ca. 1000 Personen, von denen rund 300 in Máguez und jeweils 10 in Ye und Guinate wohnten. Im Jahre 1900 war die Bevölkerung bereits auf 3200 angestiegen und erste Familien haben sich in Arrieta und in Punta Mujeres angesiedelt. 1950 erreichte die Besiedlung mit 4500 Personen ihren Höhepunkt.

Die Gemeindekirche wurde 1619 gebaut und hatte seitdem einige Rückschläge erlebt. Der schlimmste war der Sturm von 1956, bei dem nur der Glockernturm stehenblieb. Seine Schutzheilige ist die Jungfrau der Himmelfahrt (Asunción), eine Skulptur geschnitzt von Luján Pérez.

Allgemeine Fakten. Das Gemeindegebiet bedeckt eine Fläche von 106,6 km² und hat rund 5000 Einwohner. Die Hautstadt von Haría liegt auf 270 m ü. d. M. Die anderen Ortschaften der Gemeinde sind: Arrieta, Charco de Palo, Guinate, Máguez, Mala, Órzola, Punta Mujeres, Tabayesco und Ye. Die Gemeinde bedeckt praktisch den gesamten Norden der Insel und grenzt im Süden an Teguise.

Unter geologischen, landwirtschaftlichen, ökologischen und landschaftlichen Gesichtspunkten

Das Dorf Haría mit dem Vulkan Corona im Hintergrund.

ist es die vielfältigste Landschaft: Vulkane, Lavafelder, verschiedene Arten von Landwirtschaft, pflanzliche Endemismen, Sandanwehungen etc. Hier findet man auch die einzige Baumgruppe, den Palmenhain von Haría, den einzigen Versuch einer Wiederaufforstung in Las Peñas de Chache, touristische Sehenswürdigkeiten wie den Mirador del Río, die Cueva de los Verdes und die Jameos del Agua, die tiefen Täler von Temisas, Tabayesco und Haría, die Klippen von Famara, die Salinas del Río, den Strand von El Risco, das Malpaís de La Corona und Los Helechos, den exotischen Vogelpark von Guinate und andere interessante Elemente von großem landwirtschaftlichen und kulturellen Wert.

Die wichtigsten Volksfeste in Hauptstadt und Gemeinde sind: San Juan (24. Juni), San Pedro (29. Juni), Der Durstige Heiland (Cristo de la Sed, 1. Juli), Karneval (Februar), El Pino (September) und Santa Bárbara. Beim Kunsthandwerk überwiegen Waren aus Palmblättern und Binsen und Stickereien aus Leinen.

Kulturgüter. Hier erwähnen wir nur die sehenswerten und besonders geschützten

Rathaus von Haría.

Gebäude und Naturschätze. **Mirador del Río**, **Cueva de los Verdes** und **Jameos del Agua** haben wir bereits ausführlich beschrieben, das **Museum Sakraler Kunst** der Diözese Canarias an der Plaza León y Castillo. Die Kirche **Encarnación** und **Iglesia de San Juan** aus dem 17. Jh. Der Platz León y Castillo und das **Wohnhaus** in der Straße Tegala Nr. 1. Das **Herrenhaus der Paz Currás** in der Calle José Antonio. Das **Haus von Antonio López Socas** in der Calle Ángel Guerra. Das **Haus von César Manrique** im Nordosten des Ortes. Die **Kunsthandwerkstatt und das Geschäft** in der Straße Longuera. Hier kann man zuschauen, wie Makramé, Keramik, Tischdecken und Puppen hergestellt werden. In Máguez: Die Kirche **Santa Bárbara** und ein **Haus** in der Calle Morote. In Arrieta: Das **Haus der Curbelo** an der Küste gegenüber dem Dorf, der **Hafen** und die **Uferpromenade**. In Mala: Die Kapelle **Nuestra Señora de Las Mercedes**. In Punta Mujeres und Órzola: **Hafen** und **Uferpromenade**.

Haus der Familie Curbelo.

Strandpromenade Punta Mujeres.

TEGUISE

Geschichte. „Die Königliche Stadt" Teguise gehört zu den ältesten Ansiedlungen der Kanarischen Inseln. Wir versuchen ihre umfassende Geschichte hier zusammenzufassen.

Das heutige Teguise entstand aus einer Ansammlung von Häusern die von den europäischen Ankömmlingen „Großes Dorf" genannt wurde. Diese Häuser gruppierten sich um einen großen Wassertümpel, der später von Sancho de Herrera in einen Wasserspeicher (*Mareta*) umgebaut wurde. Teguise wurde im 15. Jh. gegründet und hier residierte Maciot de Béthencourt, der die Prinzessin Teguise, die Tochter des letzten Guanchen-Königs Guadarfía (oder Gaudafrá), zur Frau genommen hatte. Der Ort wurde zum Hauptsitz der Lehnsherren des Lehns Canarias und war die Inselhauptstadt bis 1852. Später war sie der Sitz des Vikariats und des Fürstentums Lanzarote, das von Agustín de Herrera, dem Enkel von Sancho der Herrera, gegründet wurde. Die erste Verteidigungsanlage die Sancho de Herrera bauen ließ, war ein einfacher Aussichtsturm auf dem Berg bei Guanapay, von wo man einen großen Teil der Insel und den Meereshorizont überblicken konnte. Dieser Turm wurde während des 16. Jh. zur Festung Santa Bárbara ausgebaut. Jedoch half sie recht wenig bei den sporadischen Attacken und Invasionen der Piraten. Das sogenannte Blutgässchen (Callejón de la Sangre) erinnert an das Gemetzel vom August 1586, als der Pirat Amurat die Insel leerte.

1596 hatte das Dörfchen kaum mehr als 100 Häuser, die mit Schilf und getrockneten Tonfladen gedeckt waren, und eine kleine, fensterlose Kirche. Im Verlauf des 17. Jh. kamen sowohl Berber-Piraten von der afrikanischen Küste als auch europäische Piraten, deren Aktionsradius bis in die Karibik reichte.

Die Kirche Nuestra Señora de Guadalupe wurde im 15. Jh. gebaut und musste die Last der Geschichte auf ihre Mauern nehmen: Sie wurde 1569, 1571, 1586 und 1618 geplündert und 1909 vernichtete ein Brand unter anderem das Kirchenarchiv. In der Nähe der Kirche entstanden Dominikaner-und Franziskanerklöster.

Mitte des 17. Jh. und im Verlauf es 18. Jh. wurde die heute noch so zu sehende Stadt errichtet, welche stark von der Kirche und den Klöstern geprägt wurde. Die Betrachtung der architektonischen Kulturgüter geben uns Aufschluss über den Lauf der Geschichte.

„... einer der wichtigsten architektonischen Einheiten der Kanarischen Inseln ..."

Allgemeine Fakten. Das Gemeindegebiet hat ca. 18 000 Einwohner und eine Fläche von 264 km².

Der Hauptort Teguise liegt 305 m ü. d. M. Folgende Siedlungen und Dörfer zählen zur Gemeinde Teguise: Caleta de Famara, Las Caletas, Costa Teguise, Guatiza, El Mojón, Mozaga, Muñique, Nazaret, Soo, Tahiche, Tao, Teseguite, Tiagua, Los Valles, Caleta del Caballo, Los Cocoteros, Charco del Palo und Caleta de Sebo und Pedro Barba auf La Graciosa.

Zum Gemeindegebiet von Teguise gehören auch die Felseninseln vor der Nordküste, der sogenannte Chinijo-Archipel. Es grenzt im Norden an das Gemeindegebiet von Arrecife und Tinajo. Am beeindruckendsten sind die Steilküsten von Famara, das Tal von Tenegüime, die ausgedehnten Dünenfelder, die das Gemeindegebiet von der Playa de Famara ausgehend, überqueren, einige Vulkane von 1730-36 und der Vulkan Tao, der bei den Ausbrüchen von 1824 entstand.

Im Landesinneren herrscht die Landwirtschaft, an der Küste der Tourismus, gefolgt von der Fischerei, vor. Auch der Handelshafen Los Mármoles, der wichtigste der Insel, gehört zur Gemeinde.

Die örtlichen Feste sind: Die Virgen del Carmen am 16. Juli, die Virgen de las Nieves am 5. August und die sogenannten „ Ranchos de Pascua", Folklore-Darbietungen in der Weihnachtszeit. Beim Kunsthandwerk sind vor allem Arbeiten aus Plamblättern und die Herstellung der Timples zu erwähnen.

Kulturgüter. Die Festung Santa Bárbara. Es handelt sich um eine Festung aus dem 16. Jh. auf dem Vulkanberg Guanapay, an der Landstraße Arrecife-Teguise. Die Anlage wurde 1590 von Torrianin umgebaut und wehrhafter gestaltet. Sie hat die Form eines Rhombus mit runden Ecktürmen und Mauern aus Steinblöcken. 1960 wurde die verwahrloste Anlage erstmals restauriert und 1970 verlieh ihr der Architekt Alemany ihre heutige Innenaufteilung, und 1989 wurde Sie schließlich in ein Museum umgebaut.

Pfarrkirche Guadalupe. Sie wurde von Maciot de Béthencourt auf Wunsch seines Onkels, dem Eroberer Jean de Béthencourtdem in Auftrag gegeben. Das genaue Datum der Fertigstellung

Festung Santa Bárbara.

Pfarrkirche Guadalupe.

ist nicht bekannt, jedoch weiß man, dass sie 1452, zu Zeiten von Diego de Herrera fertig war. 1674, nachdem sie mehrmals von Piraten zerstört worden war, wurde sie wieder aufgebaut und erhielt mehrere Seitenkapellen, in denen die Geldgeber beerdigt wurden. Wie zum Beispiel die Hauptkapelle, in der der Kapitän Bartolomé de Cabrera bestattet wurde. Diese neue Art der Finanzierung erlaubte viele Umbauten während des 18. Jh. So z. B. der Bau des zweistöckigen, quadratischen Glockenturms von 1727. Der erste Stock hat zwei Holzbalkone und der zweite, kleinere, trägt eine achteckige Kuppel mit 8 Rundbögen, in denen die Glocken aufgehängt sind. 1969 wurden die letzten Verzierungen aus Holz fertiggestellt und der Turm erhielt eine Uhr. Seit 1818 entsprechen sowohl die äußere Struktur als auch die Säulen dem heutigen Zustand. 1863 wurde der Altaraufsatz aus Holz gefertigt. 1864 wurden alle Fenster repariert und alle Altaraufsätze bemalt. 1865 wurden die Decken der drei Schiffe mit Ölgemälden verziert und ein neues Retabel gefertigt. 1892 wurde das Geländer, das die Hauptkapelle abtrennt, eingebaut. 1894 wurden der Chor und die Sakristei renoviert. Am 6. Februar 1909 zerstörte ein Brand alles bis auf die Fassade. Danach wurde sie mit Hilfe der Gläubigen nach denselben Plänen wieder aufgebaut.

Das Franziskanerkloster. Gebäude aus dem 16. Jh. (1588-1590), das auf Initiative von Argote de Molina als Pantheon für Sancho de Herrera gebaut wurde. Es handelt sich um das 9. Franziskanerkloster auf den Kanarischen Inseln und in ihm sind die bedeutendsten Persönlichkeiten Lanzarotes begraben. Es wurde 1618 beim Piratenangriff zerstört und danach wieder aufgebaut, jedoch ohne das Pantheon der alten Lehensherren. 1705 wurde der Kirchturm errichtet. 1835 ging der Konvent in weltliche Hände

über. Bei einer schlecht ausgeführten Restaurierung wurden 1973 die drei Holzaltäre des Hauptschiffs, ein Altar eines Seitenschiffs, Altaraufsätze und zwei Kanzeln zerstört. Heutzutage verbleiben in der Kirche nur noch drei barocke Altaraufsätze, einer davon aus hellem Stein und Mauerwerk. Auffallend durch ihre Größe sind auch die Holzkanzel und das Taufbecken aus Vulkangestein. 1984 wird der Konvent schließlich zur städtischen Pinakothek umgebaut.

Der Dominikanerkonvent. Wurde 1729 von den Dominikanern dank eines Nachlasses des Kapitäns Gaspar Rodríguez Carrasco für den Bau eines Kranken-und Waisenhauses, gegründet. Das ehemalige Kloster beherbergt heute das Rathaus und die Kirche Santo Domingo.

Das Gebäude zeigt sich heute, nach zahlreichen architektonischen Fehlgriffen, als ein Bauwerk mit zwei Fassaden, einer seitlichen Glockenmauer links, zwei großen Portalen und einer runden, verglasten Öffnung. Über der rechten Tür aus rotem Bruchstein kann man zwei Symbole des Dominikanerordens sehen. Die aus schwarzen Vulkangestein gefertigte Kapelle auf der rechten Seite verlor ihr Dach im 19.Jh. Ihr Inneres besteht aus zwei Schiffen, von denen eines 36 m lang und 8 m breit und das andere ein wenig kleiner ist. Untereinander sind diese zwei Schiffe durch vier halbspitze Bögen aus rotem und schwarzem Vulkangestein getrennt. Es befindet sich auf dem Platz Santo Domingo.

Die Kapelle Veracruz. Sie wurde im 18. Jh. gebaut. Ab 1841 ging sie in den Besitz der Anrainer über, die sich um ihre Instandhaltung kümmern. Sie besteht aus einem rechteckigem Kirchenschiff, mit seitlich angefügter Sakristei. Die Ecken sind aus

Fassade des Konvents San Francisco.

Santo Domingo Konvent.

Kapelle Veracruz.

Spínola Palast.

schwarzem Bruchstein gearbeitet. Das Satteldach ist aus Holz und mit Tonfladen gedeckt, die nochmals mit Ziegeln gedeckt sind. Im Inneren gibt es einen Holzchor, eine kleine Kanzel aus dem 19. Jh. ein Taufbecken aus vulkanischem Gestein, drei Retabeln und zwei großformatige Gemälde. Die grünfarbige Christusstatue, die Naturhaare hat, wurde im 17. Jh. aus Portugal hierher gebracht.

Der Spínola Palast. Im Stadtzentrum. Er wurde zwischen 1730 und 1780 gebaut und machte sich die alten Gebäude der Inquisition zunutze. Er ist ebenerdig gebaut, mit einem Portal, das von schwarzen, behauenen Steinen eingefasst ist. An der Fassade gibt es fünf Fenster und einige große Blumentöpfe. Im Inneren gibt es eine Kapelle, mehrere Galerien, zwei Innenhöfe mit Wasserspeichern, Küche und Getreidespeicher. Vor der Fassade halten zwei Löwen die Wache, die von einem Familienmitglied in Stein gehauen wurde. Vor kurzem wurde dieses Gebäude zu einem Museum für die Timple (Herrenhaus mit Mobiliar) umgebaut.

Der kirchliche Getreidespeicher (Cilla). In der ersten Hälfte des 18. Jh. gebaut. Ein kleines rechteckiges Gebäudes aus dickem Mauerwerk aus Stein und Mörtel, wo der Zehnte, der der Kirche zustand, aufbewahrt wurde. Es befindet sich direkt

neben dem Spínola Palast und beherbergt heute eine Bankfiliale.

Das Haus der Familie Torres. Gebaut im 18. Jh. Es steht hinter dem Spínola Palast und ist zweistöckig, hat einen gepflasterten Innenhof mit Wasserspeicher und eine Fassade mit einer breiten Brüstung mit typischen Pflanzentöpfen. Das obere Stockwerk ist von einer hölzernen Galerie umgeben und im Kellergeschoss sieht man immer noch die engen Schießscharten aus gehauenem Stein, die auf die Straße zeigen. Das Dach aus Holzbalken und gebrannten Steinen ist von drei Lagen Ziegeln bedeckt. Der ca. drei Meter hohe Schornstein kombiniert achteckige mit kubischen Formen.

Der Palast der Familie Herrera y Rojas. Dieser kleine Palast wurde auf ein Haus aus dem 18. Jh. gebaut. Die Fassade mit einem Bogen aus gehauenen Steinen trägt die Inschriften AH und MS die als Augustín de Herrera, Marqués interpretiert werden.

Das historische Archiv von Teguise (Haus der Familie Perdomo). Gebäude mit einer Grundfläche von ca. 500 m^2 Fassade mit zwei Fenstern und

Kapelle Las Nieves.

Kapelle San Juan Evangelista. Soo.

Kapelle San Sebastián in El Mojón.

großem, zweitürigem Portal. Unter anderem drei Wohnräume, großer Innenhof mit Wasserspeicher und Decken aus dem Kernholz der Kiefer. Enthält Kunstwerke und Gegenstände aus dem alten *Cabildo* und dem alten Rathaus von Teguise.

Außerdem in Teguise: **Die Casa Cuartel**, die **Plaza San Miguel** (oder Löwenplatz), die **gesamte Altstadt**, das **Pfarrhaus** mit neoklassizistischen Fenstern, die **Häuser der Familien Jiménez, Molina** und **die alte Post** (Casa Correos), die heute ein Altenheim ist.

Über das Gemeindegebiet verteilt: die **Kapelle las Nieves**. Hier wurde in der Zeit von 1725 bis zur zweiten Hälte des 20. Jh. die Jungfrauenprozession in das Tal von Teguise durchgeführt, um den Regen zu fördern. Die **Kapelle Corazón de María** (Caleta de la Villa) auf der Mole in der Bucht von La Caleta. **Dorf und Komplex** Costa Teguise. Die **Kapelle San Sebastián** in El Mojón. Kapelle aus dem 16. Jh. im traditionellen Baustil mit Dach im Mudejarstil. Im Inneren vier populäre Bilder. Die **Kapelle Santa Catalina** (Los Valles), sie stammt aus dem 18. Jh. und ist ebenfalls im traditionellen Stil mit Mudejardach gebaut. Im Inneren, 4 Gemälde aus dem 18. Jh. drei populäre Bilder (Hl. Catalina, Hl. Antonio und El santísimo Cristo) und ein Gemälde, das dem Maler Estévez zugeschrieben wird. Die **Kapelle San Leandro** (Tesguite). Ebenfalls im 18. Jh. gebaut mit Dach im Mudejarstil. Im Inneren zwei barocke Altaraufsätze (der Hl. Leandro und die Hl. Jungfrau). Sie befindet sich auf dem San Leandro Platz. Die **Kapelle San Juan Evangelista** (Soo). Ebenfalls im 18. Jh. gebaut und besitzt drei Holzbilder im Inneren. Die **Ermita de Nuestra Señora del Socorro** (Tiagua). Sie stammt aus dem 18. Jh. Es handelt sich um eine volkstümliche Kapelle mit franziskanischem Einfluss. Im Inneren gibt es ein Retabel aus Stein, zwei hölzerne Darstellungen, zwei Gemälde und

Kapelle San Leandro in Teseguite.

Landwirtschaftsmuseum El Patio. Tiagua.

eine Silberlampe. **Bauernmuseum El Patio** in Tiagua. Das Gebäude, in dem sich das Museum befindet, wurde 1790 errichtet. 1845 begannen hier die landwirtschaftlichen Aktivitäten mit dem Anbau von Tabak. Hundert Jahre später ist hier die größte Finca Lanzarotes entstanden mit mehr als 40 Arbeitern und 25 Kamelen. Nach der Agrarkrise wird sie aufgegeben. 1980 beginnt ein Familienmitglied mit dem Wiederaufbau, der 1994 mit der Öffnung für das breite Publikum endet. Man kann dort landwirtschaftliche Geräte und zwei Windmühlen, eine Rossmühle, eine Obstpresse und andere Geräte aus dem lanzarotenischen Alltag sehen. Die **Kapelle San Andrés** (Tao). Volkstümliche Kirche mit Dach im Mudejarstil mit einem Schiff aus dem 18. Jh. und einem zweiten Schiff aus dem 20. Jh. Im Inneren ein volkstümlicher, barocker Altaraufsatz und zwei Holzbilder. Die **Kapelle Santa Lucía** (Mozaga). Im 19. Jh. gebaut mit Holzbedachung. Im Inneren ein volkstümliches, barockes Retabel und eine Alabasterstatue der Jungfrau de la Peña. Die **Kapelle Nazaret**. Aus dem 17. Jh. mit Mudejar-Dach. Im Inneren ein barockes Retabel, zwei Holzbilder und eine Silberlampe. Die **Kapelle Santiago** (Tahiche). Im 17. Jh. gebaut und im zeitgenössischen Stil Im Inneren zwei Gemälde und eine barocke

Costa Teguise

Darstellung des Hl. Jakobus (Santiago). Die **Kapelle Santa Margarita** (Guatiza). Wurde im 19. Jh. im kanarischen, neoklassizistischen Stil erbaut. Im Inneren ein Gemälde der Seelen im Fegefeuer und eine restaurierte Orgel aus dem 19. Jh. sowie ein Retabel mit der Hl. Margarete aus dem 17. Jh. Auf dem Dach ein verglastes Türmchen. Hier wird auch der Hl. Christus des Wassers verehrt. Die **Windmühle** von Guatiza. **Die Archäologische Fundstätte Zonzamas**. Mit „Käserei und gigantischen Bauten Landstraße von San Bartolomé nach Tahiche.

Kapelle Santa Margarita in Guatiza.

SAN BARTOLOMÉ

Geschichte. Die Geschichte dieser Gemeinde ist bei weitem nicht so bedeutend wie die von Teguise. Von den Ureinwohnern wurde sie Ajei genannt. Zwei historische Tatsachen sind erwähnenswert: Das Dorf hat sich im Laufe der Zeit vor den heranrückenden Sanddünen an einen sicheren Ort zurückgezogen. Hier lebte die Familie, die in der zweiten Hälfte des 18. Jh. die Insel beherrschte; die Familie von Don Francisco Guerra Clavijo y Perdomo, bekannt als Major Guerra. Er war Oberstleutnant und Befehlshaber des Provinzregiments von Lanzarote, Oberster Gerichtsdiener und Dekan des Gemeinderates von San Bartolomé. Er starb am 3. Februar 1808 und sein Tod löste Nachfolgestreitigkeiten aus zwischen seinem Sohn, Don Lorenzo Bartolomé Guerra und Don José Feo de Armas, dem Erben des Spínola Palastes in Teguise. Der Disput wurde 1810 mit Gewalt und mit Hilfe eines Putsches in Arrecife zugunsten von Don José Feo gelöst. Nach dessen Rücktritt verordnete der Herzog Duque de Parque, als frisch ernannter General der Kanarischen Inseln und Vorsitzender des Obersten Gerichtshofs, dass der Oberbefehl der Truppen künftig nicht mehr

Bäuerliche Szene auf der Straße.

von einem gebürtigen Lanzarotener übernommen werden durfte. Die Kirche, die 1787 von Don Cayetano Guerra, dem älteren Bruder Franciscos, gebaut wurde, wurde 1796 zur Pfarrkirche erhoben. Später, im ersten Drittel des 19. Jh. wurde das Gebäude als Rathaus benutzt.

Allgemeine Fakten. Das Gemeindegebiet hat eine Ausdehnung von 40,9 km² und ca. 18 000 Einwohner. Der Hauptort liegt 240 m ü. d. M. Weitere Ortschaften im Gemeindegebiet sind: Güime, EL Islote, Montaña Blanca und Playa Honda.

Kirche von San Bartolomé

Schornstein.

Die Gemeinde liegt im Zentrum der Insel und grenzt an die Gemeinden Teguise (Norden), Tinajo (Westen), Tías (Süden) und Arrecife im Osten. Der Rest ist Küste, die von Piedra El Bajal in Playa Honda bis Playa de Guasimeta reicht. Die Gemeindegrenze teilt den Flughafen in zwei Teile.

Das Relief ist ziemlich flach. Es gibt einige Vulkankegel aus verschiedenen Epochen: La Mina (442 m), Guatisea (544 m) oder Juan Bello (430 m). Im Norden liegen die Dünenfelder, die sich bis ans Meer von der Küste Famaras aus erstrecken, im Westen gibt es Lavafelder, die von Timanfaya kommen und hier kann man auch den Weinbau auf vulkanischen Böden sehen (in der Gegend des Berges Juan Bello). An der Landstraße von San Bartolomé nach Masdache gibt es mehrere Weinkeller, die diesen Wein verkaufen.

Zunächst lebte diese Gemeinde von der Landwirtschaft, jedoch änderte sich dies mit der Ankunft der Touristen. Aufgrund ihrer Nähe zur Hauptstadt und zu den Touristenzentren arbeiten die meisten Bewohner in der Bauwirtschaft, im Tourismus und anderen Branchen des Dienstleistungssektors. Die verbleibende Landwirtschaft widmet sich dem Anbau von Zwiebeln und Hülsenfrüchten auf Sandböden oder Wein auf vulkanischen Böden.

Wichtig im Kunsthandwerk sind vor allem Arbeiten aus Palmblättern, Rosetten und Spitzen. Die örtliche Folklore ist hervorragend vertreten durch die Gruppe Agrupación Ajei von der wir bereits berichteten. Die wichtigsten Feste sind San Bartolomé am 24. August, Santa Elena am 18. August und das Fest zum Sommerende in Playa Honda.

Kulturgüter. Das Kulturhaus Ajei. Es handelt sich um ein altes Gebäude aus der Zeit der Großgrundbesitzer im 18. Jh.

Die Kirche von San Bartolomé. Sie wurde 1789 im Auftrag zweier Brüder Guerra Clavijo y Perdomo; Cayetano y Francisco gebaut. Der Glockenturm ist vom Ende des 19. Jh. In Inneren bewahrt sind ein Retabel aus dem 18. Jh., eine Schnitzfigur des Hl. Andreas und einen gekreuzigten Christus. Das Holzdach war eine Zeit lang blau angestrichen. Über dem Hauptschiff liegt ein Satteldach, der Altarraum und die seitlichen Kanzeln sind mit einem Pyramidendach bedeckt.

Sehenswert: Das **Haus des Majors Guerra**, eine **Windmühle** in San Bartolomé, das Bauerndenkmal in Mozaga und die *Windmühle* in Güime.

Museumshaus beim Bauerndenkmal.

Windspiel von César Manrique.

TINAJO

Geschichte. In diesem Gemeindegebiet lag eines des produktivsten Landgüter von Lanzarote, der Cortijo de Inaguadén des Grafen von Lanzarote. Ana Viciosa, die Tochter von Juan de Saavedra, dem Bruder des Grafen, und Frau des Gouverneurs Juan de León Munguía, herrschte um das Jahr 1650 hier über ein riesiges Gut und über mehr als 100 Bewohner. Auf Wunsch des Fürsten von Lanzarote bekam sie den Titel und die Ländereien von Montaña Clara. Nach den verheerenden Vulkanausbrüchen dienten nur noch einige Landstriche dort als Viehweiden. Später wurde die Landwirtschaft hier ganz ausgeschlossen.

Die Kapelle, die dem Hl. Rochus (San Roque) geweiht ist, ist seit 1679 dokumentiert. Sie wurde 1738 erweitert und 1792 zur zweiten Pfarrkirche erhoben.

Tinajo erhält seine Eigenständigkeit als Gemeinde am 26. Januar 1802.

Allgemeine Fakten. Das Gemeindegebiet hat eine Ausdehnung von 290 km² und ca. 6000 Einwohner. Der Hauptort liegt 195 m. ü. M. Weitere Ortschaften im Gebiet: El Cuchillo, Mancha Blanca, La Santa und Vegueta.

Die Gemeinde liegt im westlichen Zentrum der Insel. Sie grenzt im Osten an Teguise, San Bartolomé und Tías, im Süden an Yaiza und im Westen ans Meer. Der Küstenstreifen ist größtenteils vom Malpaís des Timanfayas bedeckt. Im nördlichen Küstengebiet gibt es ein paar Felsenstrände zwischen sanft abfallenden Klippen und Felsenküsten. Sandstrände gibt es nur in künstlicher Form an der sogenannten Isleta, in der Nähe der nördlichen Meerenge, wo die Anlage La Santa liegt. Der Rest des Gemeindegebietes ist durch die Eruptionen von 1730-36 und 1824 von Lava bedeckt. Besondere Beachtung verdienen die aufgereihten Vulkane: Caldera del Corazoncillo, Rodeos, Señalo, Rilla und Los Rodeos; Los Rostros, El Cortijo, Caldera Quemada und Montaña Quemada; und, Ortiz, Colorada und Negra. Auch die Islotes, die die Lava geschaffen hat, sind interessant; einige sind sehr klein wie El Gato, Los Camellos und Los Dises und andere wiederum sind riesig wie z. B. Caldera Blanca, Teneza und Tinache.

In Tinajo herrscht die Landwirtschaft vor. Hier finden alle lanzarotenischen Anbauarten Verwendung, wie der Anbau auf Terrassen, auf Sand, auf natürlichen und künstlichen Sandbeeten und in der Gegend von La Quemada in Löchern im Vulkanboden. Heutzutage gewinnt der Dienstleistungssektor immer mehr an Bedeutung, vor allem dank der Touristenzentren in La Santa und Timanfaya.

Beim Kunsthandwerk sind vor allem die Arbeiten mit Palmblättern und die Hüte und ganz besonders die Töpferarbeit der Greisin Doña Dorotea und ihrer Nachfahren, erwähnenswert.

Bei den Festen ist vor allem der 15. September besonders hervorzuheben, der der

Kirche von San Roque in Tinajo.

Schmerzensreichen Jungfrau gewidmet ist und an dem mehrere historische Ereignisse gefeiert werden. Am 16. August ist das Fest von San Roque. Wunderschön ist auch Fronleichnam, an dem die Straßen mit bunten Salzteppichen geschmückt werden.

Kulturgüter. Die Kirche Los Dolores in Mancha Blanca. Sie wurde 1780 gebaut und verdankt ihr Entstehen einem gemeinsamen Gelübde der Bürger, die damals die Jungfrau baten, die Lavaströme sollten Tinajo nicht zerstören. Dasselbe Phänomen geschah 1824: Nachdem man die Jungfrau in einer Bittprozession durchs Dorf getragen hatte, erlosch der Vulkan. Die Virgen de Los Dolores oder auch die Jungfrau der Vulkane, wie sie im Dorf genannt wird, ist Schutzpatronin von Lanzarote und ihr zu Ehren feiert man jährlich zwei Feste: eins am Namenstag der Hl. Dolores im September und ein zweites am 31. Juli, dem Fest des Feuers, aufgrund des alten Gelübdes. Die Struktur der Kirche ist der ursprünglichen sehr ähnlich. Ihr wurden nur das Kuppelgewölbe, der Chor, das Haus des Messners und das Haus für die Pilger hinzugefügt. Sie wurde 1861 restauriert.

Die Kirche **San Roque** (Tinajo). Sie liegt am gleichnamigen Platz und wurde 1785 gebaut. Dach im Mujedarstil.Im Inneren findet man, unter anderem, einen Altaraufsatz, einen Christus, der

Kapelle Nuestra Señora de Regla in La Vegueta.

Luján Pérez zugeschrieben wird und eine Jungfrau Candelaria von Fernando Estévez, einem Schüler von Luján.

Erwähnt sei auch die **Kapelle Nuestra Señora de la Regla** in La Vegueta.

Kirche Los Dolores in Mancha Blanca.

TÍAS

Geschichte. Das Dorf bildete sich um die Häuser einiger reicher Gutsbesitzer, von denen es auch den Namen hat. Der untere Teil des Dorfes, wo heute die Landstraße vorbeiführt, bildete sich um das Gut der Familie Molina, der obere Teil um die Güter der Familien Robayna und Fajardo. Diese drei Häusergruppen wuchsen zusammen und bildeten eine Einheit, die den Namen Tías (Tanten) de Fajardo erhielt, später dann nur noch Tías. Mit den Tanten sind die leiblichen Tanten von Don Alonso Fajardo , dem Gouverneur von Gran Canaria, gemeint. Doña Francisca und Doña Hernán Fajardo, die unverheiratet blieben. Das Zusammenwachsen des Dorfes erfolgte in unregelmäßigen Schüben, deshalb liegen viele Häuser der Ortschaft auch heute noch ziemlich verstreut. Die Entwicklung des Touristenzentrums Puerto del Carmen (früher La Tiñosa) hat das Dorf Tías und andere kleinere Ortschaften in den Hintergrund gedrängt.

Allgemeine Fakten. Die Gemeinde hat eine Ausdehnung von 64,6 km² und der Hauptort Tías liegt auf 200 m. ü. d. M. Sie liegt 10 km von Arrecife entfernt und hat rund 19 000 Einwohner.

Berg Testeyna in La Geria.

Andere Ortschaften im Gemeindegebiet: La Asomada, Conil, Mácher, Masdache, Puerto el Carmen und Vega de Tegoyo.

Die Gemeinde grenzt im Norden an San Bartolomé und Tinajo, Im Westen an Yaiza und im Süden ans Meer. Besondere landschaftliche Elemente findet man in La Geria, im östlichen Gemeindegebiet, wo auf vulkanischen Böden eine Landwirtschaft betrieben wird, die ihresgleichen sucht. Ebenfalls sehenswert die Vulkanreihe Montaña Blanca, Tersa, Bermeja, Conil, Tegoyo, Gaida und Guardilema. Von hier aus fallen die Hänge sanft zum Meer ab. Das Gebiet von Puerto del Carmen zeichnet sich durch eine Reihe von aufeinanderfolgenden Stränden aus:

Strand von Puerto del Carmen.

Hafen von La Tiñosa

Guasimeta Hoyas Hondas, Los Pocillos, Playa Blanca und Playa del Cangrejo mit dem kleinen Hafen La Tiñosa, der schon von Torriani auf seiner Karte aus dem 16. Jh. erwähnt wird. Heute gibt es bei diesen Stränden eine kilometerlange Feriensiedlung, die das größte Ferienzentrum der Insel darstellt.

Die wichtigste Einkommensquelle der Gemeinde ist der Tourismus. Die Landwirtschaft ist für den Eigenbedarf, ausgenommen der Weinbau in La Geria.

Die wichtigsten Feste sind: La Candelaria am 2. Februar, der Karneval und die Fiestas del Carmen, am ersten Sonntag im August.

Kulturgüter. Die wichtigsten Gebäude im Ort Tías sind die **Casa Pascacia**, die **Windmühle**, die **Kirche Nuestra Señora de la Candelaria** aus dem Jahre 1796 im oberen Teil des Dorfes (in Las Cuestas). Das **Pfarrhaus** und der **alte Friedhof**, ebenfalls im oberen Teil der Stadt und schließlich die **Kirche San Antonio**, die 1959 gebaut wurde.

Außerdem, in Masdache, die **Iglesia de la Magdalena** von 1978; in Puerto del Carmen die **Iglesia de Nuestra Señora del Carmen** von 1890; und in Mácher, die **Windmühle**.

Kapelle Mácher.

Kirche Nuestra Señora de la Candelaria.

YAIZA

Geschichte. In der Gegend des Rubicón, in den Ebenen südlich von Fernés zwischen Playa Blanca und Punta Papagayo, entstand nach der Eroberung die erste franco-normannische Siedlung. Hier wurde auch der erste Bischofssitz der Inseln von Papst Benedikt dem XIII. gegründet, der dann später nach Gran Canaria wechselte. Jedoch zwangen die unwirtlichen Bedingungen und das Fehlen einer Verteidigungsmöglichkeit die wenigen Bewohner, sich nach Femés zurückzuziehen, das etwas höher und weiter im Inneren lag. Während Jahrhunderten waren die Ruinen der Festung, des Ortes und seiner Kirche völlig vom Erdboden verschwunden. 1631 wurden auf Befehl des Bischofs Cámara y Murga das Bild und damit der Kult an dem Hl. Marcial nach Femés gebracht. Nach einigen kleineren Ausgrabungen, von denen die letzte 1986 stattfand, wurden die Ruinen völlig aufgegeben und sind äußerst schwierig zu finden. 1741 lässt der Oberbefehlshaber der Kanarischen Inseln einen Festungsturm nach Plänen des Ingenieurs Carlos de Lisle bauen, der Torre de Aguila oder auch Las Coloradas genannt wurde. Später wurde dieser zerstört und 1769, unter Karl III. wieder aufgebaut.

Yaiza war ein Dörfchen, das sich den fruchtbaren Boden im westlichen Teil dieser Gegend zunutze machte. 1699 baute es seine Kapelle, die 1728 zur Pfarrkirche erhoben wurde. In den Jahren 1730-36 erlebte das Dorf eine lange Periode der Unsicherheit und die Bürger mussten das Dorf mehrmals verlassen, denn sie fürchteten seine totale Zerstörung durch die Vulkanausbrüche.

Femés hatte im Jahre 1860 genau 218 Einwohner, jedoch wuchs das Dorf und erreichte 1920 eine Einwohnerzahl von 3800. Danach sank die Zahl der Bewohner drastisch und 1952 wurde es von Yaiza geschluckt.

Allgemeine Fakten. Das Gemeindegebiet hat eine Einwohnerzahl von rund 11 000 und bedeckt eine Fläche von 211,8 km². Die Höhe ihrer Hauptstadt liegt bei 192 m ü. d. M. Weitere Ansiedlungen im Gemeindegebiet: Las Breñas, Femés, El Golfo, Playa Blanca, Uga, La Hoya, Playa Quemada, Cortijo Viejo, La Degollada, La Geria, Maciot und Puerto Calero.

Flächendeckende Weingärten mit Weinkellern und Handwerkstatt in la Geria

Die Gemeinde liegt im äußersten Süden der Insel und grenzt im Norden an Tinajo und im Osten an Tías. Ansonsten wird die Gemeinde von recht unterschiedlichen Küsten begrenzt.

Im westlichen Teil der Gemeinde liegen die Lavafelder von Timanfaya mit der sogenannten Laguna de los Clicos. Der Name kommt von einem Meerestierchen, das in dieser Lagune vorkam. Ganz in der Nähe liegen die sog. *Hervideros* (Kochkessel), denn hier schlagen die Wellen in Höhlen und Einbuchtungen an der Küste und erwecken den Eindruck, als ob das Meer am Kochen sei. Genau dort, wo die Lava aufhört, öffnet sich die Laguna del Janubio mit ihren beeindruckenden Salinen. Von dort aus geht es weiter an einer Küste mit niedrigen Klippen bis nach Punta Pechiguera. Von hier aus bis nach Punta Papagayo gibt es mehrere Strände mit weißem Sand. Diese enden an den Klippen der Ostküste, den Ausläufern des Ajaches Massivs. Dieses Massiv dominiert im Gemeindegebiet und ist von langen Tälern duchzogen, wie z. B. das Tal von Fena und Femés und die Täler die an der Ostküste enden. Der nördliche Teil ist von Vulkanen und Lava aus den jüngsten Ausbrüchen bedeckt, die schon weiter oben ausführlich beschrieben wurden.

Außer Yaiza und Femés sind noch folgende Orte zu erwähnen: Uga, ein kleines Dorf mit ländlichen Häusern, das zum Teil auf der Lava wieder aufgebaut wurde, und Playa Blanca, ein altes Fischerdorf, das in ein weiteres Touristenmekka ausgebaut wurde. Hier gibt es einen Fischerei- und Handelshafen, einen Sporthafen und eine Anlegestelle für die Fähren von und nach Fuerteventura.

Die Wirtschaft hängt hauptsächlich vom Tourismus ab, der sich in Playa Blanca und Timanfaya konzentriert.

Die wichtigsten Feste sind: Die Virgen de los Remedios im September und San Marcial, am 7. Juli.

Kulturgüter. Die Ermita de Nuestra Señora de la Caridad in La Geria aus dem 17. Jh. Im Inneren ein Gemälde der Virgen de Caridad und eine kunsthandwerklich gearbeitete Decke.

Die Pfarrkirche Nuestra Señora de los Remedios in Yaiza. Die erste Kapelle wurde 1699 gebaut und entspricht wahrscheinlich einem der heutigen Kirchenschiffe. Es folgten mehrere Umbauten, bis die heutige Struktur erreicht wurde. Der Grundriss der Kirche ist unregelmäßig und zeigt ein Hauptschiff mit Hochaltar und zwei Seitenschiffe. Im Kopfteil der Kirche liegt der Chor mit zwei seitlichen Sakristeien. Die Schiffe sind untereinander durch runde Säulen auf achteckigen Basen getrennt. Die Säulenschäfte sind aus Basalt, während die Kapitelle und die Bögen aus hellerem Kalkstein sind. Die Bögen sind halbspitz und mehreckig. Außerdem gibt es in der Kirche noch einen zentralen Altaraufsatz und Gemälde an den Seitenwänden.

Die **Kirche San Marcial** (Femés). Sie wurde Anfang des 17. Jh. gebaut und 1818 zur Pfarrkirche erhoben. Die Säulen und Bögen im Inneren haben seltsame Verzierungen. Es gibt auch ein kleines Museum mit Schiffsmodellen, mehrere Retabeln und die Darstellung des Schutzpatrons. Diese ist nicht mehr das Original, welches bei einem Brand zerstört wurde, sondern eine Schnitzerei aus dem 18 Jh.

Andere Sehenswürdigkeiten im Gemeindegebiet: das **Kulturzentrum Isaac Viera**, die **Schule**, Restaurant und Garten **La Era** und das **Haus von Don Benito Pérez Armas** an der Plaza de los Remedios, heute ein Kulturhaus. Außerhalb der Stadt das **archäolgische Gebiet Rubicón**, das **Geburtshaus von Benito Pérez Galdós** in Femés und die Festung **Torre del Águila** in Playa Blanca.

Pfarrkirche Nuestra Señora de los Remedios. Yaiza.

Kapelle von Uga.

BIBILIOGRAPHIE

Bei der Erstellung diese Buches haben wir versucht, ein Maximum an Informationen über die Insel zu bekommen, jedoch kann sie hier aus Platzgründen nur in zusammengefasster Form wiedergegeben werden. Gewisse Themen werden den Leser vielleicht dazu animieren seine Kenntnisse über Lanzarote vertiefen zu wollen, daher hier eine in Themenbereiche gegliederte Auflistung von Büchern und Quellen.

- ALBERTO LUENGO und CIPRIANO MARÍN: „El Jardín de la Sal". 1994
- ARAÑA V. und CARRACEDO J.: „Los Volcanes de las Islas Canarias II, Lanzarote y Fuerteventura". Editorial Rueda - Madrid 1979.
- ARCO AGUILAR, Mª. C. und NAVARRO MEDEROS, J. F.: „Los Aborígenes". Centro de la Cultura Popular Canaria.
- „Atlas Básico de Canarias". Editorial Interinsular Canaria. Santa Cruz de Tenerife. 1980
- BELTRÁN, W.: „Paraje Natural Barranco de Tenegüime".
- BRAVO, T.: „El volcán y el malpaís de La Corona. La Cueva de los Verdes y Los Jameos". Cabildo Insular de Lanzarote, Arrecife. 1964.
- CABRERA, B.: „El folklore de Lanzarote". Centro de la Cultura Popular Canaria.
- CABRERA PÉREZ, J. C.: „Lanzarote y los Majos". Centro de la Cultura Popular Canaria.
- CARRACEDO, J. C. und RODRÍGUEZ BADIOLA, E.: „Lanzarote, la erupción de 1730".
- CARRASCO, A.: „Flora y Vegetación singular de Lanzarote".
- Cartografía militar de España (Serie L, 1:50 000). Servicio Geográfico del Ejército.
- Centros de Arte, Cultura y Turismo. Cabildo Insular de Lanzarote.
- ERIKSSON, O.; HANSEN A. und SUNDING, P.: „Flora of Macaronesia". Botanical Garden and Museum, University of Oslo. Norway. 1979.
- F. JAVIER GONZÁLEZ, PILAR MORÍN und J. EZEQUIEL ACOSTA: „La Graciosa". Cabildo Insular de Lanzarote. 1996
- FONT TULLOT, I.: „El Tiempo Atmosférico en las Islas Canarias". Publicaciones del Servicio Meteorológico Nacional. Madrid. 1956.

- FRANCISCO PÉREZ SAAVEDRA. „Lanzarote". Centro de la Cultura Popular Canaria. 1985
- FUSTER, J. M.; FERNÁNDEZ, S. und SAGREDO, J.: „Geología y Vulcanología de las Islas Canarias, Lanzarote". C.S.I.C., Madrid. 1968.
- HERNÁNDEZ DELGADO, F. und RODRÍGUEZ ARMAS, M. D.: „La cocina de Lanzarote". Ayuntamiento de Teguise. Centro de la Cultura Popular Canaria.
- KUNKEL G.: „Arboles y Arbustos de las Islas Canarias". Edirca S.A. Las Palmas de Gran Canaria. 1981.
- Mapas Geológico de España (1:50 000). Instituto Geológico y Minero de España. C.S.I.C.
- MARTÍN HORMIGA, A. F. und PERDONO, M. A.: „José Ramírez y César Manrique". Servicio de Publicaciones del Cabildo de Lanzarote.
- OEDEX: „Estudio de la Dinámica Litoral en la Costa de las Islas Canarias". Centro de Estudios y Experimentación de Puertos y Costas. MOPU. 1986.
- ORTIZ, R.: „Guía Vulcanológica de Lanzarote". C.S.I.C.
- ORTUÑO F. und CEBALLOS L.: „Vegetación y Flora de Las Canarias Occidentales". Ministerio de Agricultura. Madrid. 1951.
- PIZARRO, M.: „Peces de Fuerteventura". Gobierno de Canarias. Consejería de Agricultura y Pesca. 1985.
- RAFAEL PAREDES: „Naturaleza Canaria". Coleccionable del periódico El Día. 1993
- ROBERTO SCANDONE und MASSIMO CORTINI. Revista Investigación y Ciencia.
- RAIMUNDO RODRÍGUEZ und RAFAEL PAREDES: „Fuerteventura". RAI ediciones. 1993
- RUMEU, A. und ARAÑA, V.: „Diario pormenorizado de la erupción volcánica de Lanzarote en 1824". Anuario Estudios Atlánticos, 28. 1982.
- SUÁREZ ACOSTA, J. J.; RODRÍGUEZ LORENZO, F. und QUINTERO PADRÓN, C.L.: „Conquista y Colonización". Centro de la Cultura Popular Canaria.
- Mehrere Autoren: „Juegos deportivos tradicionales". Centro de la Cultura Canaria.

Um die im Buch genannten Arten besser kennenlernen zu können, möchten wir durch die Aufführung wissenschaftlicher Namen eine kleine Hilfestellung geben. Es gibt einige seltene Arten, wie im Fall der Endemiten, bei denen wir den gebräuchlichen Namen nicht finden konnten.

Bei den Pflanzen liefern wir endemische Referenzpunkte; wie etwa die Gattung, dann handelt es sich um einen richtigen botanischen Schatz, kanarischer Endemismus bedeutet, dass die Pflanze auch auf den anderen Kanareninseln zu finden ist, während es den lanzarotenischen Endemit nur hier gibt. Bei den Vögel führen wir auch an, ob diese hier nisten. Im Verzeichnis der Meerestiere werden alle Arten gelistet, die hier ihren Lebensraum haben, sei es Fisch, Säugetier, Schalentier etc...

Es sei hier erneut gesagt, dass in diesem Buch jene Arten Erwähnung finden, die man aufgrund ihrer Einmaligkeit kennen sollte. Für diese Inseln ist der natürliche Lebensraum und die Wesen die ihn bewohnen von äußerster Wichtigkeit. Mehr Information über die aufgeführten kanarischen Arten können dem spanischen Verzeichnis der „Especies Silvestres de Canarias 2010" entnommen werden.

Pflanzen

A - kanar. Endemit / **B** - lanzarot. Endemit / **C** - Endemische Gattung

Landläufiger Name		Gattung – Art	A	B	C
spanisch	deutsch				
		Minuartia platyphylla	✔	☐	☐
		Ononis catalinae	✔	☐	☐
		Polycarpon alsinifolium	☐	✔	☐
		Phelipanche gratiosa	☐	✔	☐
		Ononis angustissima	✔	☐	☐
		Melica minuta ssp. Latifolia	✔	☐	☐
		Bryonia verrucosa	✔	☐	☐
		Matthiola bolleana	✔	☐	☐
		Tortula ampliretis	✔	☐	☐
		Ifloga spicata ssp. Obovata	✔	☐	☐
		Patellifolia webbiana	✔	☐	☐
		Scilla haemorrhoidalis	✔	☐	☐
		Mercurialis canariensis	✔	☐	☐
		Volutaria canariensis	✔	☐	☐
		Fumaria coccinea	✔	☐	☐
		Rhynchostegiella trichophylla	✔	☐	☐
		Portulaca canariensis	✔	☐	☐
		Acacia cyanophylla	☐	☐	☐
		Minuartia webbii	✔	☐	☐
Acacia		Acacia cyclops	☐	☐	☐
Acebuche	Wilder Ölbaum	Olea cerasiformis	✔	☐	☐
Ajillo de volcán, gamona		Asphodelus tenuifolius	☐	☐	☐
Ajo de Alegranza, tarabaste		Allium subhirsutum ssp. Obtusitepalum	☐	✔	☐
Algahuera o Salado lanudo		Chenoleoides tomentosa	☐	☐	☐
Algodonera, yesquera amarilla		Helichrysum gossypinum	☐	✔	☐
Algomarina		Ruppia maritima	☐	☐	☐
Alhucema, salvia de monte		Salvia aegyptiaca	☐	☐	☐
Alicán, aicán	Färberflechte	Roccella fuciformis	☐	☐	☐
Anís silvestre, nigrilla		Bupleurum handiense	✔	☐	☐
Aulaga	Dornlattich	Launaea arborescens	☐	☐	☐
Balancón	Salzhafer	Traganum moquinii	☐	☐	☐
Balango		Avena barbata	☐	☐	☐
Barrilla mansa, verdolaga		Portulaca granulato-stellulata	☐	☐	☐
Barrilla, escarcha	Eiskraut	Mesembryanthemum crystallinum	☐	☐	☐
Batata, moniato		Ipomoea batatas	☐	☐	☐
Bejeque de Lanzarote o del malpaís	Lanzarote Riesen Hauswurz	Aeonium lancerottense	☐	✔	☐
Bejeque, farroba, petera	Balsam-Aeonium	Aeonium balsamiferum	✔	☐	☐

| Landläufiger Name | | Gattung – Art | A | B | C |
spanisch	deutsch				
Bientequiero		Senecio leucanthemifolius			
Brezo		Erica arborea			
Brusca, rama, sogal	Wurmförmiges Salzkraut	Salsola vermiculata			
Cabezuela marina, piñamar mayor		Atractylis arbuscula var. Arbusculoa		✔	
Cañaheja conejera, tajasnoyo		Ferula lancerottensis	✔		
Cardo blanco, cardomanso		Volutaria bollei	✔		
Cardón		Carduus clavulatus	✔		
Casamelos, hierba cana		Senecio vulgaris			
Cebolla almorrana		Scilla dasyantha	✔		
Cebollín		Allium subhirsutum			
Cebollín		Allium subvillosum			
Cerraja carnosa, cerraja de Famara		Reichardia famarae	✔		
Cerraja cuervo		Urospermum picroides			
Cerraja de risco, Cerrajón	Fiederspaltige Gänsedistel	Crepis canariensis	✔		
Cerraja marina		Sonchus bourgeaui			
Cerraja, cerraja dulce		Sonchus oleraceus			
Cerraja, cerraja vieja		Launaea nudicaulis			
Chahorra, salvia de risco		Sideritis pumila	✔		
Conservilla, salvia canaria		Salvia canariensis	✔		
Corazoncillo	Lanzarote Hornklee	Lotus lancerottensis			
Cornical	Glatte Baumschlinge	Periploca laevigata			
Corregüela de Famara		Convolvulus lopezsocasi		✔	
Cosco	Knotenblütige Mittagsblume	Mesembryanthemum nodiflorum			
Cuemúa	Burchards Fliegenblume	Caralluma burchardii			
Cuemúa		Caralluma burchardü var sventenii		✔	
Duraznillo		Ceballosia fruticosa	✔		✔
Esparraguera		Asparagus nesiotes ssp. Purpuriensis	✔		
Esparraguera majorera		Asparagus nesiotes			
Esparraguera, esparragón		Asparagus arborescens	✔		
Espina blanca		Asparagus pastorianus			
Espinero		Rhamnus crenulata	✔		
Espino		Lycium intricatum			
Estornudera		Andryala pinnatifida Aiton	✔		
Estornudera, espinera		Andryala pinnatifida ssp. Buchiana	✔		
Faya		Myrica faya			
Flor mala, florón		Orobanche gratiosa		✔	
Garbancillo		Ononis diffusa			
Garbancillo, taboire		Ononis laxiflora			
Garbancillo, tahaboyre amarillo		Ononis hebecarpa	✔		
Gatuña, codeso	Gelber Hauhechel	Ononis hesperia			
Geranio silvestre		Geranium purpureum			
Geranio silvestre, alfilerillo		Geranium rotundifolium			
Geranio silvestre, alfilerillo		Geranium molle			
Giralda, abrepuño		Volutaria tubuliflora			
Giralda, pajito		Coleostephus myconis			
Guaydil		Convolvulus floridus	✔		
Henequén		Agave fourcroydes			
Jaramago, relinchón		Erucastrum canariense	✔		
Jarilla de Famara		Helianthemum gonzalezferreri		✔	
Jarilla de Guinate		Helianthemum bramwelliorum		✔	
Jarílla, rama cría		Helianthemum thymiphyllum		✔	
Jorao, tojío	Goldstern	Asteriscus intermedius	✔		
Juncia		Cyperus laevigatus			
Juncia		Cyperus rotundus			
Junco		Juncus acutus			
Junquillo		Juncus bufonius			
Junquillo		Cyperus capitatus			
Laurel, loro		Laurus azorica			

Landläufiger Name		Gattung – Art	A	B	C
spanisch	**deutsch**				
Lecheruela	Dünen-Wolfsmilch	Euphorbia paralias	☐	☐	☐
Lechetrezna		Euphorbia peploides	☐	☐	☐
Lechuga de mar, acelga de mar, sevilleta	Nymphendolde	Astydamia latifolia	☐	☐	☐
Lengua de pájaro		Polycarpaea divaricata	☑	☐	☐
Líquenes	Flechte	Xanthoria resendei	☐	☐	☐
Lirio de risco, lágrimas de Virgen		Pancratium canariense	☑	☐	☐
Lirio, cebollín estrellado o de playa		Androcymbium psammophilum	☑	☐	☐
Madreturma,turmero, Jarilla		Helianthemum canariense	☐	☐	☐
Magarza	Stauch Margarite	Argyranthemum frutescens	☑	☐	☐
Malva de risco		Lavatera acerifolia	☑	☐	☐
Margarita		Pulicaria canariensis	☑	☐	☐
Margarita		Pulicaria canariensis ssp. Lanata	☐	☑	☐
Margarita, flor de santa María		Argyranthemum maderense	☐	☑	☐
Mato	Graue Gliedermelde	Arthrocnemum macrostachyum	☐	☐	☐
Mato de risco		Lavandula canariensis	☑	☐	☐
Mato, brusca		Salsola divaricata	☑	☐	☐
Matomoro	Salzmelde	Suaeda vera	☐	☐	☐
Meloja, garbancillo		Ononis serrata	☐	☐	☐
Millo, mijo		Panicum miliaceum	☐	☐	☐
Mimo, bobo	Blaugrüner Tabak	Nicotiana glauca	☐	☐	☐
Mocoguirre		Senecio glaucus	☐	☐	☐
Orchilla	Färberflechte	Roccella canariensis	☐	☐	☐
Orquídea del desierto		Habenaria tridactylites	☑	☐	☐
Palmera	Palme	Phoenix dactylifera	☐	☐	☐
Palmera	Kanarische Dattelpalme	Phoenix canariensis	☑	☐	☐
Papa		Solanum tuberosum	☐	☐	☐
Pelotilla de Lanzarote, hierba jabonera		Sedum nudum ssp. Lancerottense	☐	☑	☐
Pelotilla escamosa		Monanthes laxiflora	☑	☐	☐
Pelotilla, gangorillo		Aichryson tortuosum	☑	☐	☐
Pico pajarito costero, giralda de risco		Kickxia sagittata	☐	☐	☐
Pinillo, llantén		Plantago famarae	☐	☑	☐
Pita, pitera		Agave americana	☐	☐	☐
Rabo cordero, lechuguilla		Reseda crystallina	☑	☐	☐
Ratonera		Forsskaolea angustifolia	☑	☐	☐
Romerillo manso		Spergularia fimbriata var interclusa	☐	☑	☐
Romero marino		Campylanthus salsoloides	☑	☐	☐
Salado		Salsola tetrandra	☐	☐	☐
Salado blanco		Schizogyne sericea	☐	☐	☐
Salado blanco		Polycarpaea robusta	☐	☑	☐
Salado o Matogota	Strauch-Melde	Atriplex halimus	☐	☐	☐
Salado, saladillo	Blaugrüne Melde	Atriplex glauca	☐	☐	☐
Siempreviva de Famara		Limonium bourgeaui	☑	☐	☐
Siempreviva de Fariones	Flaumhaarige Strandflieder	Limonium puberulum	☑	☐	☐
Siempreviva rosada		Limonium papillatum	☐	☐	☐
Tabaiba dulce	Balsam-Wolfsmilch	Euphorbia balsamifera	☐	☐	☐
Tabaiba salvaje, higuerilla	König-Juba-Wolfsmilch	Euphorbia regis-jubae	☐	☐	☐
Taginaste blanco		Echium decaisnei	☑	☐	☐
Taginaste de Famara		Echium decaisnei ssp. Purpuriense	☑	☐	☐
Tagose, orégano de monte		Thymus origanoides	☐	☑	☐
Tajame		Rutheopsis herbanica	☑	☐	☑
Tarajal	Tamariske	Tamarix canariensis	☐	☐	☐
Tarajal	Tamariske	Tamarix africana	☐	☐	☐
Tebete		Patellifolia patellaris	☐	☐	☐
Tomillo		Micromeria varia ssp. Rupestris	☑	☐	☐
Tunera	Feigenkaktus	Opuntia maxima	☐	☐	☐
Tunera	Feigenkaktus	Opuntia vulgaris	☐	☐	☐
Tunera india, chumbera	Feigenkaktus	Opuntia dillenii	☐	☐	☐
Uva de mar	Desfontaines-Jochblatt	Zygophyllum fontanesii	☐	☐	☐

Landläufiger Name		Gattung – Art	A	B	C
spanisch	deutsch				
Verol, berode	Kleinie	Kleinia neriifolia	✔	☐	☐
Viborina		Echium lancerottense var macranthum	☐	✔	☐
Viborina		Echium bonnetii	✔	☐	☐
Viborina		Echium lancerottense	☐	✔	☐
Viborina, lengua de vaca		Echium lancerottense var lancerottense	☐	✔	☐
Vid, parra, majuelo		Vitis vinifera	☐	☐	☐
Vinagrera		Rumex vesicarius	☐	☐	☐
Vinagrera, calcosa		Rumex lunaria	✔	☐	☐
Yesquera roja		Helichrysum monogynum	☐	✔	☐

Vögel

A - kanar. Endemit / **B** - lanzarot. Endemit

Landläufiger Name		Gattung	Art	A	B
deutsch	spanisch				
Alpenstrandläufer	Correlimos común	Calidris	alpina	☐	☐
Bachstelze	Lavandera blanca o pispa	Motacilla	alba	☐	☐
Berberfalke	Halcón de berbería	Falco	pelegrinoides	✔	☐
Blaumeise	Herrerillo común	Parus	caeruleus	✔	☐
Brachpieper	Bisbita campestre	Anthus	campestris	☐	☐
Brandseeschwalbe	Charrán patinegro	Sterna	sandvicensis	☐	☐
Brillengrasmücke	Curruca tomillera	Sylvia	conspicillata	✔	☐
Bulwersturmvogel	Petrel de Bulwer	Bulweria	bulwerii	☐	☐
Dreizehenmöwe	Gaviota tridáctila	Rissa	tridactyla	☐	☐
Dunkler Sturmtaucher	Pardela sombría	Puffinus	griseus	☐	☐
Dunkler Wasserläufer	Archibebe oscuro	Tringa	erythropus	☐	☐
Einfarbsegler	Vencejo unicolor	Apus	unicolor	✔	☐
Eleonorenfalke	Halcón de Eleonor	Falco	eleonorae	✔	☐
Fahlsegler	Vencejo pálido	Apus	pallidus	✔	☐
Felsenhuhn	Perdiz moruna	Alectoris	barbara	✔	☐
Felsentaube	Paloma bravía	Columba	livia canariensis	✔	☐
Fischadler	Aguila pescadora o guincho	Pandion	haliaetus	✔	✔
Flussseeschwalbe	Charrán común	Sterna	hirundo	✔	☐
Flussregenpfeifer	Chorlitejo chico	Charadrius	dubius	✔	☐
Gelbschnabel-Sturmtaucher	Pardela cenicienta	Calonectris	diomedea	✔	☐
Grauammer	Triguero	Emberiza	calandra thanneri	✔	☐
Großer Brachvogel	Zarapito real	Numenius	arquata	☐	☐
Großer Sturmtaucher	Pardela capirotada	Puffinus	gravis	☐	☐
Grünschenkel	Archibebe claro	Tringa	nebularia	☐	☐
Hänfling	Pardillo común	Acanthis	Acanthis	✔	☐
Heringsmöwe	Gaviota sombría	Larus	fuscus	☐	☐
Inselpieper	Bisbita caminero	Anthus	berthelotii	✔	✔
Kalanderlerche	Calandria común	Melanocorypha	calandra	☐	☐
Kiebitzregenpfeifer	Chorlito gris	Pluvialis	squatarola	☐	☐
Kleiner Sturmtaucher	Pardela chica	Puffinus	assimilis	✔	☐
Kolkrabe	Cuervo	Corvus	corax	✔	☐
Kolkrabe	Cuervo	Corvus	ssp canariensis	✔	✔
Kragentrappe	Hubara	Chlamydotis	undulata ssp fuertaventurae	✔	✔

Landläufiger Name		Gattung	Art	A	B
deutsch	spanisch				
Lachmöwe	Gaviota reidora	Larus	ridibundus		
Madeira-Wellenläufer	Paíño de Madeira	Oceanodroma	castro	✔	
Mäusebussard	Ratonero común o agililla	Buteo	buteo	✔	
Mäusebussard	Ratonero común o agililla	Buteo	buteo ssp insularum	✔	✔
Raubwürger	Alcaudón real	Lanius	excubitor	✔	
Regenbrachvogel	Zarapito trinador	Numenius	phaeopus		
Rennvogel	Corredor	Cursorius	cursor	✔	
Rothuhn	Perdiz común o roja	Alectoris	rufa	✔	
Rotschenkel	Archibebe común	Tringa	totanus	✔	✔
Sanderling	Correlimos tridáctilo	Calidris	alba		
Sandregenpfeifer	Chorlitejo grande	Charadrius	hiaticula		
Schafstelze	Lavandera boyera	Motacilla	flava		
Schleiereule	Lechuza común	Tyto	ssp gracilirostris	✔	✔
Schmutzgeier	Guirre	Neophron	percnopterus ssp majorensis	✔	✔
Schwarzkopfmöwe	Gaviota cabecinegra	Larus	melanocephalus		
Schwarzschnabel-Sturmtaucher	Pardela pichoneta	Puffinus	puffinus	✔	
Seeregenpfeifer	Chorlitejo patinegro	Charadrius	alexandrinus	✔	
Seidenreiher	Garceta común	Egretta	garzetta		
Silbermöwe	Gaviota argéntea	Larus	argentatus	✔	
Steinsperling	Gorrión chillón	Petronia	petronia	✔	
Steinwälzer	Vuelvepiedras	Arenaria	interpres		
Stieglitz	Jilguero	Carduelis	carduelis	✔	
Sturmschwalbe	Paíño común	Hydrobates	pelagicus	✔	
Teichwasserläufer	Archibebe fino	Tringa	stagnatilis		
Triel	Alcaraván	Burhinus	ssp insularum	✔	✔
Triel	Alcaraván	Burhinus	oedicnemus	✔	
Türkentaube	Tortola turca	Streptopelia	decaocto	✔	
Turmfalke	Cernícalo vulgar	Falco	tinnunculus	✔	
Turteltaube	Tórtola común	Streptopelia	turtur	✔	
Wachtel	Codorniz	Coturnix	coturnix confisa	✔	
Waldlaubsänger	Mosquitero silbador	Phylloscopus	sivilatrix		
Weidensperling	Gorrión moruno	Passer	hispaniolensis	✔	
Weißkopfmöwe	Gaviota patiamarilla	Larus	michahellis		
Wiedehopf	Abubilla o tabobo	Upupa	epops	✔	
Wiesenpieper	Bisbita común	Anthus	pratensis		
Wüstengimpel	Camachuelo trompetero	Bucanetes	githagineus	✔	
Wüstengimpel	Camachuelo trompetero	Bucanetes	githagineus ssp. Amantum	✔	✔
Zilpzalp	Mosquitero común	Phylloscopus	collybita	✔	

Meereswelt

Landläufiger deutscher Name	Landläufiger spanischer Name	Gattung	Art
	Burgao	Osilinus	atratus
Abalone muschel	Oreja de mar	Tuberculata	coccinea
Achselfleckbrasse	Besugo	Pachygrapsus	acarne
Achtstreifengrunzer	Burrito, burro listado	Parapristipoma	octolineatum
Adlerfisch	Verrugato, burrogato	Umbrina	cirrosa
Ährenfisch	Guelde	Atherina	presbyter
Atlantische Weisband-Putzergarnele	Camarón limpiador	Lysmata	grabhami
Atlantischer Lippfisch	Romero	Symphodus	mediterraneus
Atlantischer Mönchsfisch	Fula de hondura, fula blanca	Chromis	limbatus
Atlantischer Zügeldelfin	Delfín moteado	Stenella	frontalis
Bänderbrasse	Sargo breado	Dermochelys	cervinus
Bastardmakrele	Chicharro	Trachurus	picturatus
Blaubarsch	Pejerrey, anjova	Pomatomus	saltator
Blauhai	Tintorera, quella o tiburón azul	Prionace	glauca
Blinde Albino Krebse	Cangrejo ciego	Munidopsis	polymorpha
Blonde	Raya	Raja	brachyura
Bonito	Sierra, bonito	Sarda	sarda
Brandbrasse	Galana	Oblada	melanura
Braune Muräne	Murión, macho de morena	Gymnothorax	unicolor
Brauner Muschel	Mejillón	Patella	perna
Braungestreifte Garnele	Camarón de rayas marrones	Brachycarpus	biunguiculatus
Brydewal	Rorcual tropical	Balaenoptera	brydei
Cuvier Schnabelwal	Zifio común	Ziphius	cavirostris
Degenfisch	Sable	Trichiurus	lepturus
Delphinfish	Dorados	Coryphaena	hippurus
Dickkopf-Zahnbrasse	Sama, sama de pluma	Dentex	gibbosus
Dicklippige Meeräsche	Lisa	Chelon	labrosus
Driftfisch	Pámpano	Schedophilus	ovalis
Drückerfisch	Gallo verde, gallito	Stephanolepis	hispidus
Echter Bonito	Bonito, listado	Katsuwonus	pelamis
Entenmuschel	Percebe	Pollicipes	pollicipes
Escolar-Schlangenmakrele	Escolar	Lepidocybium	flavobrunneum
Finnwal	Rorcual común	Balaenoptera	physalus
Fliegender Fisch	Voladores	Cheilopogon	heterurus
Gebänderter Barrakuda	Bicuda, picuda	Sphyraena	viridensis
Gefleckter Lippfisch	Romero capitán	Labrus	bergylta
Geißbrasse	Sargo, sargo blanco	Diplodus	sargus cadenati
Gelbflossen Makrele	Jurel	Pseudocaranx	dentex
Gelbflossen-Thun	Rabil, albacora o atún de aleta amarilla	Thunnus	albacares
Gelbstrieme	Boga	Boops	boops
Gemeiner Krake	Pulpo	Octopus	vulgaris
Gemeiner Tintenfisch	Choco	Scyllarides	officinalis
Gepunktete Harlekingarnele	Camarón de lunares	Gnathophyllum	elegans
Gestreifte Hummelgarnele	Camarón avispa	Gnathophyllum	americanum
Gewöhnlicher Stechrochen	Chucho amarillo	Dasyatis	pastinaca
Glatter Hammerhai	Cuernúa o tiburón martillo	Sphyrna	zygaena
Glatthai	Cazón, tollo	Muraena	mustelus
Goldbrasse	Dorada, sama zapata	Sparus	aurata
Goldmeeräsche	Lebrancho, lisa amarilla	Liza	ramada
Goldschwanzmuräne	Morena de lunares	Gymnothorax	miliaris

Landläufiger deutscher Name	Landläufiger spanischer Name	Gattung	Art
Goldstrieme	Salema, pachona	Sarpa	salpa
Graue Felsenkrabbe	Cangrejo blanco	Plagusia	depresse
Grauer Drückerfisch	Gallo moruno	Balistes	capriscus
Große Seespinne	Centolla o santorra	Maja	scuinado
Großer Bärenkrebs	Langosta canaria, bogavante	Scyllarides	latus
Großer Tümmler	Delfín mular o toninas	Tursiops	truncatus
Hechtdorsch	Merluza, pescadilla	Merluccius	merluccius
Hohlkreuzgarnele	Camarón giboso	Thor	amboinensis
Hornhecht	Aguja	Belone	belone gracilis
Kalmar	Calamar	Loligo	vulgaris
Kleine Felsengarnele	Camarón, quisquilla	Palaemon	elegans
Klippenkrabbe	Cangrejo colorado o moro	Grapsus	adscensionis
Kurzflossen-Grindwal	Calderón tropical	Globicephala	macrorhynchus
Kurzschnäuziger gemeiner Delphin	Delfín común	Delphinus	delphis
Lederschildkröte	Tortuga laúd	Dermochelys	coriacea
Makaronesen Zackenbarsch	Abade, abae	Mycteroperca	rubra
Makrele	Caballa	Scomber	colias
Makrelenhai	Janequine, marrajo	Isurus	oxyrinchus
Marmorbrasse	Herrera	Lithognathus	mormyrus
Meeraal	Congrio	Conger	conger
Meerbarbe	Salmonete	Mullus	surmuletus
Meerpfau	Pejeverde	Thalassoma	pavo
Mittelmeer Lippfisch	Doncella, carajillo real	Coris	julis
Mittelmeer Lippfisch	Romero, barraco	Symphodus	trutta
Mittelmeer-Muräne	Morena pintada	Muraena	helena
Mittelmeer-Scherengarnele	Camarón espinoso	Stenopus	hispidus
Napfschnecke	Lapa curvina	Patella	rustica
Neon Riffbarsch	Fula negra, castañeta	Abudefduf	luridus
Ohrensardine	Sardina	Sardinella	maderensis
Ozean-Drückerfisch	Gallo plomizo	Canthidermis	sufflamen
Papageifisch	Vieja	Sparisoma	cretense
Petermännchen	Araña	Trachinus	draco
Petersfisch	Gallo de San Pedro	Zeus	faber
Portugiesischer Zwerghai	Quelme, quelvacho	Centrophorus	lusitanicus
Rauhschwanz Stechrochen	Chucho de clavos	Dasyatis	centroura
Rennkrabbe	Juyón	Pachygrapsus	marmoratus
Sackbrasse	Bocinegro, pallete, pargo	Pagrus	pagrus
Rotbandbrasse	Roquera, sama roquera, catalineta	Pagrus	auriga
Rotbrasse	Breca, bica	Pagellus	erythrinus
Roter Thun	Patudo o atún rojo	Thunnus	thynnus
Runder Stechrochen	Chucho negro	Taeniura	grabata
Rundkopf-Delfin	Calderón gris	Grampus	griseus
Sandkrabbe	Cangrejo de arena	Cryptosoma	cristatum
Sardelle	Boquerón o longorón	Engraulis	encrasicolus
Schattenfisch	Verrugato	Umbrina	ronchus
Schattenfisch	Verrugato, María Francisca	Umbrina	canariensis
Schokoladenhai	Gato, carocho	Scymnus	licha
Schriftbarsch	Cabrilla pintada	Serranus	scriba
Schrift-Feilenfisch	Gallo azul	Aluterus	scriptus
Schwarze Muräne	Morena negra	Muraena	auguti
Schwarze Napfschnecke	Lapa negra	Patella	candei crenata
Schwarzer Drachenkopf	Rascacio	Scomber	porcus
Schwarzschwanzbarsch	Cabrilla negra	Serranus	atricauda

Landläufiger deutscher Name	Landläufiger spanischer Name	Gattung	Art
Schwertfisch	Pez espada	Xiphias	gladius
Seegras	Seba	Cymodocea	nodosa
Silber-Escolar	Conejo	Promethichthys	prometheus
Sonnennapfschnecke	Lapa majorera	Patella	candei
Steinkrabbe	Carnada de viejas	Xantho	poressa
Streifenbrasse	Chopa	Spondyliosoma	cantharus
Streifendelfin	Delfín listado	Stenella	coeruleoalba
Tanzgarnele	Camarón bailador	Cinetorhynchus	rigens
Tigermuräne	Morena picopato	Enchelycore	anatina
Unechte Karettschildköte	Tortuga boba	Caretta	caretta
Weiße Napfschnecke	Lapa blanca	Patella	aspera
Wrackbarsch	Cherne	Poliprion	americanus
Zackenbarsch	Mero	Epinephelus	marginatus
Zahnbrasse	Sama dorada, dentón	Dentex	dentex
Ziegenbarsch	Cabrilla rubia	Serranus	cabrilla
Zweibindenbrasse	Seifío, saifío	Diplodus	vulgaris

Bejeque auf Lava.